Kwee Siok Lan

DIE CHINESISCH-
INDONESISCHE KÜCHE

Kwee Siok Lan

DIE CHINESISCH-
INDONESISCHE KÜCHE

Südwest Verlag

Die Rezepte sind, wenn nicht anders angegeben,
für vier Personen berechnet.

Abkürzungen: EL bedeutet Eßlöffel
              TL bedeutet Teelöffel

Titel der niederländischen Originalausgabe:
De echte Chinees-Indonesische Keuken

Übersetzung aus dem Niederländischen:
Gerda van Baalen

Alle Rechte der deutschsprachigen Ausgabe 1989
bei Südwest Verlag GmbH & Co. KG, München

© Originalausgabe 1988 EDIT International / M & P Boeken

Schutzumschlag: R. J. Negele, München
(Foto: Studio L'EVEQUE, Harry Bischof)
Satz: Typodata, München
Druck: Wenschow-Franzis, München
Bindung: Conzella, München

ISBN 3-517-01121-5

Inhalt

Vorwort

Auf dem europäischen Festland waren es jahrhundertelang die Niederländer, die enge Verbindungen mit Südostasien unterhielten, teils als Seehandel treibende Nation, teils als Kolonialmacht. Dadurch hat sich in den Niederlanden auch schon verhältnismäßig früh der Einfluß südostasiatischer Kulturen ausgeprägt. Ein Straßenbild mit chinesischen Schriftzeichen in der Reklame, wie das nebenstehende Foto aus Amsterdam zeigt, kommt denn auch in den Niederlanden überall vor, gehört einfach dazu.

In den letzten Jahren hat sich dieser Einfluß auch in der Bundesrepublik Deutschland bemerkbar gemacht. Es gibt hier jetzt indonesische und chinesische, japanische, vietnamesische sowie indische Restaurants in jedem größeren Ort. Nicht zuletzt deshalb, weil die Reisemöglichkeiten im allgemeinen das Interesse an fremden Kulturen geweckt haben. In diesem Zusammenhang entstanden gleichfalls viele asiatische Geschäfte, die neben allerlei kunsthandwerklichen Gegenständen immer mehr exotische Nahrungsmittel im Sortiment führen. Nachfrage gibt es genug. Hier aber beginnen die Schwierigkeiten, nämlich die der Sprachverwirrung.

Heutzutage exportieren viele Länder Südostasiens in alle Teile der Welt ihre Produkte, die sich vielfach nur geringfügig von denen ihrer Nachbarländer unterscheiden, vor allem, weil die agrarischen Rohstoffe oft die gleichen sind. Nehmen Sie beispielsweise Tofu. Das sind gepreßte Sojabohnen nach japanischem Rezept, aus Japan. Die Indonesier pressen die Sojabohnen nach ihrem eigenen Rezept, das eine etwas gröbere Struktur hervorbringt, und nennen das Produkt in ihrer Sprache Tahu. Da aber früher das Niederländische die offizielle Sprache in Indonesien war, bekam damals das Wort eine niederländische Schreibweise, nämlich Tahoe (oe wird im Niederländischen wie u ausgesprochen).

Dies gilt für viele Produkte, ist aber leider nicht die einzige Quelle der Verwirrung. Ein Produkt braucht ja nicht unbedingt beim Erzeuger seine Exportverpackung zu bekommen. Je nachdem also, wo und für wen etwas verpackt wird, erhält der Artikel seine Beschriftung in Englisch, Deutsch, Niederländisch, Chinesisch, Indonesisch ... Viele dieser Produkte in Deutschland werden über die Niederlande eingeführt. Wen wundert noch, was daraufsteht?

Die Namen der Nahrungsmittel in diesem Buch sind – soweit möglich – geschrieben, wie man sie ausspricht, eventuell mit

In fast jeder Stadt gibt es heutzutage asiatische Läden, die nicht nur allerlei interessante Gegenstände aus fremden Kulturen, sondern auch sehr exotische Nahrungsmittel anbieten. Ob es nun, wie auf diesem Foto eine Straße in Amsterdam ist oder ein einzelnes Geschäft in einem anderen Ort.

einem Akzent für die Betonung, der eigentlich nicht in die Sprache gehört. Zum Beispiel bei Saté. Sie können aber vielleicht auch Sateh auf einer Verpackung lesen; das ist die Schreibweise aus der holländischen Kolonialzeit. Die moderne indonesische Sprache kennt kein Dehnungs-h. Außerdem haben die Produktnamen wegen des Wortbildes einen großen Anfangsbuchstaben bekommen, den es eigentlich auch nicht gibt. Und trotz der Reformierung der indonesischen Orthographie 1972 hat sich bei vielen der hier genannten Produkte noch die alte Schreibweise erhalten (z. B. Ketjap).

Dennoch ist es gar nicht so schwierig, sich in einem asiatischen Geschäft zurechtzufinden, denn alles ist wunderbar nach Artikeln geordnet, die zusammengehören. Und die Geschäftsleute sind gern zu jeder Auskunft bereit. Ein Tip noch zu guter Letzt: Wer noch nie ein indonesisches oder chinesisches Gericht gegessen hat, sollte vielleicht lieber erst in einem Restaurant auf den Geschmack kommen. Dann läßt es sich leichter selber kochen!

Gut begonnen
ist halb gewonnen

Im allgemeinen kann man sagen, daß die Zubereitung einer chinesischen oder indonesischen Mahlzeit im Vergleich zu unserer täglichen Hausmannskost mehr Zeit beansprucht. Das kommt daher, daß Sie mehr Zutaten benötigen und die Vorbereitung auch etwas zeitaufwendig ist. In einer späteren Phase können Sie jedoch wieder Zeit einsparen, beispielsweise beim „Rühr-Braten" (das bei den Koch- und Bratmethoden näher erläutert wird), da dies sehr schnell vor sich geht. Wenn Sie alle Nahrungsmittel richtig vorbereitet und in der beschriebenen Reihenfolge bereitgestellt haben, ist der Rest ein Kinderspiel. Vielleicht kann ich Ihnen einige Tips dazu geben ...

Eine aufgeräumte Küche
Das klingt selbstverständlich, aber gerade weil Sie wahrscheinlich noch nicht mit den Rezepten der chinesisch-indonesischen Küche vertraut sind, empfiehlt es sich besonders, mit einer peinlich sauberen Küche anzufangen.
Räumen Sie alles weg, was Sie nicht benötigen, was nicht dazu gehört. Lesen Sie das Rezept erst ganz durch, damit Sie wissen, in welcher Reihenfolge Sie zu arbeiten haben. Es wäre wenig sinnvoll, den Reis schon zu kochen, wenn ein Fleischgericht im Ofen noch zwei bis drei Stunden benötigt; der Reis wäre inzwischen schon wieder kalt. Fangen Sie auch nicht mit einem Gemüsegericht an, das höchstens 30 Minuten erfordert, um danach erst noch den Reis aufzusetzen. Das klingt in der Theorie ganz logisch, aber so etwas ist mir schon passiert, und es passiert wohl jedem einmal.

Erst im häuslichen Kreis, dann für Gäste kochen
Versuchen Sie sich erst an einem einfacheren Rezept und servieren Sie das Ergebnis im Familienkreis, bevor Sie es für Gäste zubereiten. Und natürlich:
Zwei oder drei Gerichte gut gekocht sind besser als sechs Gerichte mangelhaft. Notfalls stellen Sie für mehrere Gäste von zwei oder drei schmackhaften Gerichten größere Mengen her. Das macht einen besseren Eindruck, als unbedingt mit sechs oder sieben Gerichten aufwarten zu wollen.
Sie sollten dafür der Konsistenz der Soße etwas mehr Aufmerksamkeit widmen, der Garnierung passender Schalen, einem schön gedeckten Tisch und ähnlichem.

Über das Säubern und Schneiden
Wie schon gesagt, das Säubern und Schneiden von Gemüse und Fleisch erfordert die meiste Zeit.
Achten Sie auch darauf, ob etwas lange vorher eingeweicht werden muß, etwa chinesische Pilze: Sie sollen ungefähr 30 Minuten in lauwarmem Wasser liegen. Wenn Sie Nasi goreng zubereiten wollen, dann sorgen Sie dafür, daß der vorher gekochte Reis abgekühlt ist, bevor Sie ihn mit den unter ständigem Rühren angebratenen Zutaten vermengen und erwärmen. Sonst klebt der Reis nämlich, und Sie bekommen keinen schön trockenen, sondern einen breiigen und zugleich halb angebrannten Reis.
In diesem Fall können Sie den Reis schon einen Tag vorher kochen und abkühlen lassen. Über Nacht bewahren Sie ihn dann zugedeckt im Kühlschrank auf.
Was das Säubern von Gemüse betrifft: Sie könnten hiermit gut und gern einen halben Tag vorher beginnen, aber dann gehen beim langen Liegen nach dem Schneiden sehr viele Vitamine und Mineralstoffe verloren. Am besten fangen Sie eine Stunde vor dem Kochen mit dem Vorbereiten der Zutaten an. Legen Sie alles in der richtigen Reihenfolge auf Tellern zurecht und beginnen Sie mit dem Kleinschneiden und Hacken. Berücksichtigen Sie dabei die kürzere Garzeit der weichen Gemüsesorten und die längere der harten. Zu weichem Gemüse zählen Paksoi (Brassica chinensis), Chinakohl (Brassica pekinensis), Paprika und Tomaten, zu hartem zum Beispiel Rettich, Möhren und bestimmte Kohlsorten.

Die benötigten Kräuter und Gewürze bereithalten
Auch alle Kräuter und Gewürze, die Sie brauchen, stellen Sie sich zurecht, damit Sie nicht während des Rührens oder beim Fritieren noch suchen müssen.
Es ist übrigens empfehlenswert, die speziellen Gewürze der chinesisch-indonesischen Küche gesondert aufzubewahren. Vielleicht sammeln Sie allmählich einen ganzen Vorrat davon an. Wenn Sie sie aber nicht zwei- bis dreimal in der Woche verwenden, besteht die Gefahr, daß sie nicht griffbereit sind, wenn es nötig ist. Kaufen Sie zunächst etwas Kurkuma (Gelbwurz), Kentjur, Djintan (Kreuzkümmel, auch gemahlen) usw. in kleinen Mengen, bevor Sie größere Vorräte anlegen. Getrocknete Kräuter am besten erst geraume Zeit einweichen, bevor Sie diese verarbeiten.
Verwenden Sie Bouillonwürfel, dann sollten Sie besonders sparsam mit Salz umgehen, denn das enthalten die Würfel schon genug. Prüfen Sie erst, ob nachgesalzen werden muß. Binde-

mittel sind unter anderem Maizena, Mehl, Reismehl, Pfeilwurz-stärkemehl (arrowroot), Sago usw. Eins gilt für alle Bindemittel: Man muß sie erst mit kaltem Wasser anrühren (bei warmem bilden sich Klümpchen). Man rührt, bis die Masse glatt und das Bindemittel vollständig aufgelöst ist. Danach wird es unter stän-digem Rühren dem Gericht zugefügt, und man rührt so lange weiter, bis das Gericht (leicht) gebunden ist, zum Beispiel eine Soße. Für eine gute Textur, eine samtartige Oberfläche, sorgt dann ein Teelöffel Sesamöl. Träufeln Sie dieses Öl direkt vor dem Servieren über das Gericht, und es erhält ein deutlich schöneres Aussehen.

Resteverwendung

Was machen Sie mit den Resten von gestern? Die chinesisch-indonesische Küche eignet sich besonders gut zur Verwertung von Resten. Einen Rest Tjap tjoi oder Fu yong hai können Sie aufbewahren und in einem anderen Gericht „unterbringen". Stellen Sie die verschiedenen Reste in gesonderten, geschlos-senen Schälchen in den Kühlschrank. Praktischerweise bewah-ren Sie dafür die kleinen Schälchen aus Plastik oder Aluminium auf, in denen Sie zum Beispiel fertige Salate kaufen, besonders wenn diese Gefäße verschließbar sind.

Manche Dinge allerdings lassen sich nicht aufbewahren. Von Pilzen weiß man, daß sie höchstens einen Tag haltbar sind. Länger dürfen sie auf keinen Fall aufbewahrt werden. Gemüsebrühe können Sie, obwohl einige Fachleute heute anderer Meinung sind, gut als Basis für eine Soße verwenden. Die kleinen Mengen, die Sie dafür brauchen, machen Ihr Gericht schmackhafter und werden Ihrer Gesundheit nicht schaden. Aufpassen allerdings mit Spinatbrühe! Sie kann Schadstoffe enthalten. Das im Spinat vorhandene Nitrat setzt sich schnell in giftiges Nitrit um.

Ersatzmöglichkeiten

Für eine Anzahl der in den Rezepten genannten Nahrungsmittel läßt sich gegebenenfalls ein guter Ersatz finden, für andere allerdings nicht oder kaum. In der Großstadt hat man den Vorteil, daß sich dort bestimmt ein Laden mit asiatischen oder exotischen Produkten findet. Für Einwohner kleinerer Orte lohnt es sich, von den Basiskräutern und -gewürzen sowie von ande-ren haltbaren Nahrungsmitteln einen größeren Vorrat einzukau-fen, wenn Sie dazu in die Großstadt fahren. Schauen Sie die „Einkaufslisten" auf Seite 10 durch oder das Küchenlexikon der asiatischen Zutaten (Seite 112).

Zum Glück gibt es heutzutage sowohl an Glas- und Dosenkon-

Das Zerkleinern mit dem großen chinesischen Hackmesser ist eine Kunst, jedoch unvermeidlich, weil es die beste Methode zum Kleinschneiden ist.

serven als auch an frischen und tiefgefrorenen Artikeln eine viel breitere Auswahl als noch vor zehn Jahren. Dadurch können Sie für unerwartete Gelegenheiten sehr gut einen kleinen Vorrat anlegen: eine Dose Bambussprossen, Petébohnen im Glas oder in Plastikverpackung, Chilisoße in der Flasche, eine Dose Wasserkastanien, getrocknete Pilze ... Auch das Angebot an tiefgekühlten Produkten hat stark zugenommen. Ein gut sortier-tes asiatisches Geschäft hat eine ansehnliche Auswahl an Krab-ben (z. B. getrocknete Garnelen, Crabmeat in Dosen), verschie-denen Sorten Fisch, Fleisch, Kräutern und fertig zubereiteten Häppchen wie Dim Sum (gedämpfte Gerichte) vorrätig. Schauen Sie einmal in die Tiefkühltruhe eines solchen Ladens und bitten Sie um Informationen.

Servieren Sie indonesische und chinesische Gerichte am besten sofort nach der Zubereitung. Bringen Sie alles gleichzeitig auf den Tisch, zusammen mit einer Schale voll gekochtem oder gebratenem Reis und/oder Mie (Eier- oder Reisnudeln verschie-dener Dicke). Jeder nimmt sich dann selbst, was und wieviel er möchte. Ein wenig Sambal und Ketjap oder Sojasoße in geson-derten Schälchen schmecken gut dazu.

Ein kleiner Vorrat
ist ein guter Anfang

Wenn Sie ein Geschäft mit chinesisch-indonesischen Lebensmitteln aufsuchen, werden die große Verschiedenheit der Produkte und die breite Auswahl Sie vielleicht überraschen. Heutzutage hat man, im Gegensatz zu ungefähr vor fünf bis acht Jahren, die Wahl zwischen mindestens zehn Sorten Reis und zwanzig Sorten Mie (Nudeln). Selbstverständlich macht es etwas aus, ob Sie in einem kleinen Ort oder in der Großstadt wohnen. Wie auch immer, einmal an den Regalen voll exotischer und farbenfreudiger Nahrungsmittel entlangzugehen, hinterläßt einen Eindruck von dem, was es heute alles zu kaufen gibt. Wer regelmäßig indonesisch oder chinesisch ißt, weiß, was alles dazugehört. Sind Sie aber noch nicht so vertraut mit diesen Kochgepflogenheiten, dann legen Sie am besten einen Basisvorrat von Kräutern und Gewürzen sowie von Sambal und Ketjap an. Dann kommen Sie nicht in Verlegenheit, wenn Sie sich plötzlich entschließen, zum Beispiel Fu yong hai zuzubereiten.

Nun folgt eine Liste haltbarer Produkte, die Ihnen bestimmt gute Dienste erweisen werden.

Reis und Mie (Eier- oder Reisnudeln)
500 g langkörniger Reis
500 g weichkochender Reis
2 Päckchen Eiermie, dünn (chinesische Nudeln)
1 Päckchen Reismie, dünn
1 Bündel Glasnudeln (So-Un)
Päckchen Teigscheiben für Frühlingsrollen, kleiner oder größer, dicker oder dünner

Kräuter und Gewürze
Ketumbar (Koriander, gemahlen)
Djintan (Kreuzkümmel, gemahlen)
Ingwer (frisch, gemahlen oder Bällchen in Sirup)
Laos (gemahlene Galangawurzel)
Kurkuma (Gelbwurz, gemahlen)
Kentjur (Gelbwurzfamilie, gemahlen)
Seré (Zitronengras, getrocknet oder gemahlen)
Daun salam (Blätter, getrocknet)
Daun pandang (frisch, getrocknet oder tiefgekühlt)
Djeruk purut (Blättchen, getrocknet)

Fünfkräuterpuder
Asem (Tamarinde)
Kemiri-Nüsse
Trasi (Fischextrakt, gepreßt)

Dosen-, Glas-, Flaschenkonserven
Bambussprossen (im ganzen oder kleingeschnitten)
getrocknete chinesische Pilze (verschiedene Sorten)
getrocknete Lilienblumen
Wasserkastanien
Petébohnen
Becher oder Block Santen (eingedickte Kokosmilch)
Kokosmilch oder Kokosnußfleisch
Ketjap asin und Ketjap manis (Würzsoßen, herb-süß und mild-süß)
Sambal ulek, Sambal badjak, Sambal djeruk
helle und dunkle chinesische Sojasoße
Reiswein
Strohchampignons
Austernsoße
Hoisinsoße
Fischsoße

Dies scheint eine große Menge zu sein, aber die Kräuter sind in ganz kleinen Tüten erhältlich und Bambussprossen in Dosen zu 250 g. Man braucht ja nicht alles gleich in Kilodosen anzuschaffen. Auch Sambal und Ketjap sind in kleinen Gewichtseinheiten zu haben. Hoisinsoße und Austernsoße sind ebenfalls in Minidosen erhältlich.

Darum lohnt sich die Mühe, in ein gutsortiertes asiatisches Geschäft, auf indonesisch heißt es „Toko", hineinzugehen und sich dort über die Produkte informieren zu lassen. Das Sortiment wird ständig erweitert.

Eine kleine Auswahl chinesischer und indonesischer Produkte. Sie sehen von oben nach unten (im Uhrzeigersinn): Teigscheiben für Frühlingsrollen, Agar-Agar (vegetarisches Geliermittel), Serundeng (getrocknete geröstete Zwiebeln), Trasi (gepreßter Fischextrakt), Tahu/Tofu (Sojakäse), Santen (eingedickte Kokosmilch in Blockform), Kemiri-Nüsse, Gula djawa (Javazucker) und Tempé (gepreßte Sojabohnen).

Küchen- und Arbeitsgeräte

Ein Wok oder Wadjan

Wie Sie vielleicht an den Rezepten gesehen haben, wird vom Wok oder Wadjan vielfach Gebrauch gemacht. Das sind denn auch Töpfe, die in jedem chinesisch-indonesischen Restaurant in der Küche verwendet werden, und das nicht nur wegen ihrer Schönheit. Um beispielsweise unter ständigem Umschichten braten zu können – eine charakteristische Weise der Zubereitung in der chinesischen Küche – ist solch ein halbrunder Topf ohne flachen Boden äußerst nützlich. Durch seine Form wird der Topf von oben bis unten gleichmäßig erwärmt und warm gehalten.

Das bedeutet, daß alle Zutaten unter ständigem Rühren auf derselben Temperatur gebraten werden. Darum ist es auch wichtig, die Konsistenz der verschiedenen Nahrungsmittel zu berücksichtigen und sie in entsprechende Stückchen zu schneiden. Aber darüber folgt später mehr.

Ein Wok oder Wadjan ist also ein halbrunder Topf aus Gußeisen, Aluminium, rostfreiem Stahl oder Emaille, den es in verschiedenen Größen zu kaufen gibt. Der Wok ist die chinesische Version; dieser Topf ist mit einem langen Stiel versehen. Der indonesische Wadjan dagegen hat zwei Handgriffe. In der Praxis jedoch wird in beiden Töpfen unter ständigem Umrühren gebraten; und was in den einschlägigen Läden angeboten wird, wird allgemein als „Wok" bezeichnet.

Aus welchem Material?

Gußeisen hat den Vorteil, daß es die Wärme besonders gut leitet und hält; sein Nachteil ist sein Gewicht und die Zerbrechlichkeit.

Es gibt auch Woks und Wadjans, die mit einer Teflonlage beschichtet sind. Hier ist die persönliche Vorliebe ausschlaggebend. Ich selbst ziehe Gußeisen vor, nachdem ich inzwischen Töpfe aus allerlei Material ausprobiert habe. Bei Emaille kommt es leicht zum Anbrennen, weil das Material die Hitze, die bei dieser Art der Zubereitung von Speisen entsteht, nicht so gut verträgt.

Im Wok oder Wadjan können Sie außer braten unter ständigem Rühren auch fritieren, dämpfen, schmoren, sautieren und dünsten. Kaufen Sie am besten einen kleineren und einen größeren Topf: Beim Gebrauch erweist sich das als am praktischsten, wenn Sie erst einmal die Qualitäten dieser Töpfe entdeckt haben. Sie werden Ihnen bestimmt unentbehrlich!

Und für diejenigen, die elektrisch kochen: Es werden auch Woks und Wadjans mit abgeflachtem Außenboden speziell für Elektroherde angeboten. Fragen Sie in einem großen Warenhaus oder in einem Spezialgeschäft für Haushaltsartikel danach.

Die Pflege des Woks erfordert verhältnismäßig wenig Zeit. Ein gebrauchter Wok wird nur mit einer weichen Spülbürste und eventuell mildem Spülmittel unter heißem Wasser gesäubert. Verwenden Sie keine scharfen Topfkratzer; das ist überflüssig und kann den Topf auf die Dauer beschädigen, ganz sicher wenn er teflonbeschichtet ist.

Nachdem Sie den Topf gesäubert haben, müssen Sie ihn noch einfetten, bevor Sie ihn wegstellen.

Ein neuer Wok muß erst mit mildem Spülmittel abgebürstet und danach gut abgetrocknet werden. Zum Schluß reiben Sie ihn mit Öl ein. Danach erhitzen Sie den Topf (ohne Öl) 15 bis 20 Sekunden auf großer Flamme, dann spülen Sie ihn wieder ab und fetten ihn nochmals leicht ein. Eventuell können Sie diese Behandlung wiederholen.

Wokrührspachtel und Hackmesser

Für Wok und Wadjan gibt es Spezialspachtel und -löffel, die auch die halbrunde Form besitzen. Dadurch gleiten sie richtig über den runden Topfboden. So können Sie die geschnittenen Zutaten beim Braten immer wieder gut vom Boden aus wenden.

Auch diese Spachtel sind in den asiatischen Geschäften erhältlich und nicht teuer. Sie werden Ihnen gute Dienste leisten. Weiter können Sie lange Rührhölzer kaufen, die zum Bereiten von Soßen im Wok sehr praktisch sind. Hinzu kommt, daß Sie damit ein Stück Gemüse oder Fleisch herausnehmen können, um zu kontrollieren, ob es gar ist. Diese langen Rührhölzer sind ganz billig.

In den meisten chinesisch-indonesischen Restaurants benutzt man noch immer eine dicke, runde Baumstammscheibe als Hackbrett. In einem größeren asiatischen Geschäft können Sie so ein Brett kaufen, auf jeden Fall bei den chinesischen Großhandelshäusern. Mit einem sehr scharfen Hackmesser zerkleinert, hackt und portioniert man darauf Gemüse, Fleisch und Geflügel. Mit dem Hackmesser läßt sich auch Ingwer oder

Ein echter Wok mit Zubehör.

Knoblauch flach klopfen oder Fleisch in ganz dünne Scheiben schneiden. Dazu ein Tip: Hühner- oder Schweinefilet legen Sie dreißig Minuten in Ihren Gefrierschrank und schneiden es danach in hauchdünne, schräge Scheiben. Das angefrorene Fleisch läßt sich viel leichter schneiden als frisches oder aufgetautes Fleisch. Neben Hackmesser und Hackblock – einen Hackblock brauchen Sie übrigens nicht unbedingt anzuschaffen – haben Sie noch ein kleines, spitzes Messer fürs feine Schneiden nötig, besonders wenn Sie mit dem Hackmesser noch nicht geübt sind. Der chinesische Koch verrichtet mit seinem Hackmesser alle Schnitt- und Hackarbeiten und schneidet damit ebenso gewandt eine zierliche Rose aus einer dicken Möhre. Fast unglaublich, aber wahr!

Das Fritieren von Fleisch geschieht in der chinesischen Küche auch im Wok und nicht in der Friteuse. Dabei brät der Koch unter ständigem Rühren die Fleischwürfel auf hoher Temperatur gar und hebt dann das fertige Fleisch mit dem Drahtsieb aus dem Wok.

Der Reisdämpfer

In der asiatischen Küche ist der Reisdämpfer der wichtigste Topf. Man ist hier gewöhnt, den Reis erst anzukochen, bevor man ihn zum Garen in den Dämpfer gibt. Nach etwa zwanzig Minuten hat man dann prächtigen, trockenen Reis. Aber auch Gemüse und Fleisch lassen sich im Dämpfer zubereiten. Sie brauchen dann viel weniger Fett, und die meisten Vitamine und Mineralstoffe bleiben auf diese Weise besser erhalten. Setzen Sie dazu eine kochfeste Schüssel mit dem Nahrungsmittel in den Obertopf und füllen Sie den Untertopf nur mit so viel Wasser, daß es nicht bis an den durchlöcherten Boden reicht. Bringen Sie das Wasser zum Kochen und schalten Sie die Hitze zurück, sobald das Wasser siedet. Die Dämpfzeit hängt von der Art des Produktes ab und davon, ob es zerkleinert wurde oder nicht.
Auch das Aufwärmen bereits fertiger Speisen, namentlich von Resten, gelingt in einem Reisdämpfer besonders gut. Das Nahrungsmittel wird durch und durch erwärmt, und Sie können es weniger fett servieren als beim Aufwärmen in der Bratpfanne. Nur im Mikrowellenherd oder im Wasserbad könnten Sie dasselbe Resultat erreichen.

Drahtsieb und Mörser

Auch die gold- oder silberfarbenen Drahtsiebe, die der Koch beim Fritieren oder Rühr-Braten zum Herausheben der Speisen benutzt, sind sehr praktisch. Ein Mörser aus Steingut ist ebenfalls nützlich, denn damit können Sie selbst eine Kräuterpaste herstellen, bevor Sie diese zu einem indonesischen Gericht fritieren.
Aber auch andere Produkte lassen sich darin fein stampfen, wobei Sie dann selbst bestimmen können, wie grob oder fein Sie etwas haben wollen. Das gelingt in einem Mixer lange nicht so gut.
Dies sind also die wichtigsten Töpfe und Küchengeräte, die Ihnen nützen können, wenn Sie auf fernöstliche Weise kochen wollen. Hier im Westen wird uns jedoch immer deutlicher, daß man in einem Wok nicht nur asiatische Gerichte zubereiten kann. Sehr viele französische, italienische, niederländische und mitteleuropäische Rezepte eignen sich ausgezeichnet dazu, unter ständigem Rühren im Wok gebraten zu werden. Sonst müßten sie sautiert werden. Das Sautieren ist der Methode des Rühr-Bratens eng verwandt.

Besondere Methoden beim Kochen und Braten

Außer dem Rühr-Braten (oder Pfannenrühren), das schon kurz erwähnt wurde, gibt es in der asiatischen Küche noch einige Arten der Zubereitung, die unsere Aufmerksamkeit verdienen.

Kochen wie im Westen kommt dort auch vor, darüber brauchen wir hier nicht zu sprechen. Etwas anderes ist das Ankochen oder Blanchieren, um ein Nahrungsmittel vorzugaren oder – und das ist charakteristisch für die chinesische Küche – um dem Nahrungsmittel einen schöneren Farbton zu erhalten. Brokkoli oder Paksoi bleiben beispielsweise schön leuchtend grün, wenn sie blanchiert und sofort danach unter kaltes Wasser gesetzt werden. Dazu spült man die meistens schon schräg geschnittenen Gemüseteile (Röschen, Stengel und Blatt) nach dem Blanchieren in einem Sieb unter kaltem Wasser ab und läßt sie abtropfen.
Danach kann man das Gemüse, wenn man will, noch schnell (1 bis 2 Minuten) mit den anderen Zutaten rühr-braten.

Weiß- und Rotdünsten
Normales Dünsten kommt in der asiatischen Küche auch vor, aber es geht häufig in die Richtung von Schmoren, das dann wieder mehr Zeit erfordert und auf ganz kleiner Flamme bei geschlossenem Deckel geschieht.
Zum Dünsten verwendet man oft irdene Töpfchen in einem Drahtgestell und mit passendem Deckel. Jetzt werden sie auch aus Aluminium hergestellt.

Weißdünsten bedeutet, daß das Nahrungsmittel während der Zubereitungszeit möglichst weitgehend seine eigene Farbe behält. Man fügt einer klaren Fleischbrühe denn auch kaum – am liebsten gar keine – Sojasoße zu.

Rotdünsten heißt das Garen von Nahrungsmitteln in einer Fleischbrühe, die mit (dunkler) Sojasoße, Zucker und Fünfkräuterpuder zubereitet wurde. Diese Zusätze färben die Fleischbrühe auch dunkler und geben zum Beispiel dem Gericht Cha siu (geröstetes und rotgedünstetes Schweinefleisch, siehe Seite 74) den warmroten Farbton.

Eins der charakteristischen Kennzeichen der chinesischen Küche ist die kurze Zubereitungszeit und damit verbunden eine längere Vorbereitungszeit.
Zum Rühr-Braten müssen alle Zutaten sehr klein geschnitten werden. Harte Gemüsesorten wie die Möhren auf obigem Foto werden erst in Scheiben und danach in Julienne-Streifen oder in Würfel geschnitten. Außerdem wendet man den sogenannten Rollschnitt an, wobei die Möhre unterm Schneiden ständig gedreht wird. Durch die so entstandene Form wird die Möhre beim Rühr-Braten gleichmäßig gar.

Rühr-Braten (Pfannenrühren)

Das Rühr-Braten ist eine der am häufigsten angewandten Methoden bei dieser Kochkunst. Fast alle Arten von Gemüse werden auf diese Weise zubereitet und nicht gekocht wie im Westen und anderswo.

Dazu dient der Wok, der nicht genug gepriesen werden kann. Zunächst wird dieser ohne Öl oder Fett 15 Sekunden lang erhitzt, so daß die Topfwand rundherum bis oben hin gleichmäßig warm wird.

Dann gießt man mit einem flotten Schwung von oben Öl rundherum an der Wand entlang in den Wok. Man erhitzt nun, bis ein heller Rauch wahrnehmbar wird. Dann kann man mit dem Rühr-Braten beginnen. Natürlich sind zu diesem Zeitpunkt alle Zutaten fix und fertig vorbereitet, gewaschen und nach Belieben klein geschnitten. Ob man nun den sogenannten Rollschnitt angewandt hat, etwa bei Möhren und Rettich, oder ob die Produkte in schräge Scheiben oder Würfel zerschnitten sind, alles wandert jetzt in der richtigen Reihenfolge in den Wok zum Rühr-Braten.

Und so wird's gemacht: Bei großer Flamme schnell von unten her mit dem Rührspachtel den Topfinhalt 1 bis 2 Minuten lang immer wieder umschichten.

Manchmal hebt man auch einen Teil heraus, um ihn in einer späteren Phase wieder hinzuzufügen. Das Rühr-Braten ist eine uralte Methode, die das Gemüse knackig frisch erhält. Solches Gemüse hat noch richtigen „Biß".

Nahrungsmittelfachleute haben außerdem festgestellt, daß bei dieser Bratmethode viele wertvolle Vitamine besser erhalten bleiben als bei den üblichen Zubereitungsarten.

Schnelles Rühr-Braten

Diese Methode wird unter sehr hoher Temperatur durchgeführt (über 200 °C) und dient dazu, die Oberfläche des Nahrungsmittels sofort zu schließen wie bei uns das Anbraten. Auch dies geschieht im Wok, und zwar in weniger als 15 Sekunden. Danach wird das Nahrungsmittel aus dem Topf genommen, um später auf andere Weise weiter zubereitet zu werden, vielleicht gedünstet oder geschmort.

Über Fritieren, Rösten, Grillen und Dämpfen läßt sich wenig Neues berichten. Diese Methoden sind denen in den westlichen Küchen gleich.

Wenn man rühr-braten will, sollte man einige Punkte beachten:

Wählen Sie einen Wok, der gut auf den Herd paßt. Der Wok war ursprünglich der halbrunde chinesische Topf mit einseitigem Stiel, Wadjan die indonesische Version mit zwei Handgriffen. Es gibt auch Woks und Wadjans für Elektroherde mit flachem Außenboden zu kaufen.

Diese Töpfe gibt es in verschiedenen Größen und aus verschiedenen Materialien. Die besten sind aus Gußeisen, da dieses Material besonders gut Wärme leitet. Ein neuer Wok muß vor Gebrauch erst „eingeweiht" werden. Das bedeutet, er wird erst mit mildem Spülwasser abgebürstet, abgetrocknet und erhitzt. Ist ein Wok einmal in Betrieb, dann braucht er nach jeder Benutzung nur noch mit warmem Wasser abgespült und abgetrocknet zu werden.

Indonesische Frühlingsrollen

Für ca. 16 Stück

500 g mageres Schweinefleisch
250 g Hühnerfilet
100 g gekochter Schinken
2 Stangen Porree
3–4 EL feingehacktes Sellerieblatt
150 g Bohnenkeime
3 mittelgroße Zwiebeln
4–5 Knoblauchzehen
250 g Weiß- oder Spitzkohl
2 EL Sonnenblumenöl
2 EL Margarine
2 EL Ketjap asin
2 EL Fleischbrühe
Salz
Pfeffer
1 Päckchen Teigscheiben für Frühlingsrollen (ca. 20 Stück)
1 Eigelb
1 l Sonnenblumen- oder Sojaöl

1. Das Schweinefleisch und das Hühnerfilet fein hacken oder in der Küchenmaschine grob zerkleinern.
2. Den gekochten Schinken in millimeterbreite Streifen schneiden und auf einen Teller legen.
3. Die gesäuberten Porreestangen der Länge nach zerteilen und dann klein schneiden. Das Sellerieblatt untermengen. Das Gemisch zur Seite stellen.
4. Die Bohnenkeime in einem Sieb abspülen und abtropfen lassen. Zwiebeln und Knoblauch schälen und ganz fein hacken.
5. Die Kohlblätter auseinandernehmen, waschen, die dicken Blattadern entfernen und den Kohl fein schneiden.
6. Im Wok Öl und Margarine erhitzen, darin bei mäßiger Hitze Zwiebeln, Knoblauch und das Porreegemisch unter ständigem Umrühren goldgelb braten, also „rühr-braten".
7. Danach das Schweine- und Hühnerfleisch zufügen und alles ca. zwei Minuten rühr-braten, bis das Fleisch leicht gebräunt ist.
8. Den Kohl hinzufügen und drei Minuten rühr-braten. Dann die Bohnenkeime beigeben. Ketjap und Fleischbrühe dazugeben und drei Minuten dämpfen. Mit Salz und Pfeffer abschmecken. Alles abkühlen und eventuell abtropfen lassen. Diese Füllung muß trocken sein.
9. Jeweils vier Teigscheiben zugleich auf einer sauberen Arbeitsfläche ausbreiten und in die Mitte jeder Scheibe ca. 3 Eßlöffel der Füllung geben.
10. Eine Spitze der Teigscheiben über die Mitte falten, die Seiten einschlagen und die letzte Ecke über das Ganze rollen. Das Eigelb verrühren und damit bestreichen. Die übrigen Teigscheiben ebenso behandeln.
11. Das Öl in einer großen Friteuse mit Korb erhitzen und jeweils zwei bis drei Rollen zugleich einlegen. Nach ca. vier Minuten die goldgelben Rollen herausnehmen und auf eine mit Küchenpapier ausgelegte Platte geben. Die Frühlingsrollen warm mit einer selbstgemachten pikanten Soße servieren, zum Beispiel mit der chinesischen Tomatensoße (siehe Seite 34).

Chinesische Frühlingsrollen

Für ca. 16 Stück

200 g Möhren
Salz für die Möhren
6 getrocknete chinesische Champignons
125 g mageres Schweinefleisch
125 g geschälte Garnelen
125 g Glasnudeln
150 g Bambussprossen (aus der Dose)
3–4 EL Soja- oder Sonnenblumenöl
2 Knoblauchzehen
1 cm Ingwerwurzel
4–5 Frühlingszwiebeln
1 EL trockener Weißwein oder Sherry
Medium Dry
Salz
Pfeffer
½ EL helle Sojasoße
ca. 20 dünne Teigscheiben (20×20 cm)
1 Eiweiß
1 l Sonnenblumen- oder Maisöl

Für die Fleischmarinade:
1 EL Sojasoße
1 EL trockener Weißwein oder Sherry
Medium Dry
1 TL Sesamöl
1 EL Fleischbrühe oder Wasser
½ TL Salz
½ TL Pfeffer
etwas Zucker
1 TL Maizena oder Kartoffelmehl

1. Die Möhren schaben und in streichholzdünne Streifen schneiden, dann mit etwas Salz bestreuen und in einem Sieb austropfen lassen.
2. Die Champignons mindestens 30 Minuten in reichlich warmem Wasser einweichen, danach die Stiele entfernen und die Hütchen in schmale Streifen schneiden.
3. Auch das Fleisch in sehr schmale Streifen schneiden und in eine Schüssel legen. Alle Zutaten für die Marinade verrühren und über das Fleisch gießen. Die Fleischmarinade 25 Minuten einwirken lassen, das Fleisch danach abtropfen lassen.
4. Die Garnelen auf Sauberkeit prüfen und zum Fleisch geben.
5. Die Glasnudeln mit 5–6 dl kochendem Wasser übergießen und mit einem Satéspieß 1–1,5 Minuten rühren, bis sie aufquellen und transparent werden. Die Nudeln in ein Sieb geben und mit kaltem Wasser abspülen, damit sie fest bleiben und nicht klebrig werden.
6. Auch die Bambussprossen in feine Streifen schneiden.
7. Nun zunächst den Wok erhitzen und rundherum an der Topfwand entlang Öl eingießen. Weiter erhitzen, bis etwas Rauch sichtbar wird, dann den gepreßten Knoblauch, den feingehackten Ingwer und die Frühlingszwiebeln hineingeben und rühr-braten.
8. Das abgetropfte Fleisch zufügen und eine Minute rühr-braten. Die Möhren beigeben und eine Minute rühr-braten, dann die Garnelen nochmals eine halbe Minute rühr-braten.
9. Den Wein dazugießen, wieder eine halbe Minute rühr-braten, dann die Champignons und die Bambussprossen hinzufügen und das Ganze mit geschlossenem Deckel bei mäßiger Hitze erwärmen. Die Flüssigkeit ganz und gar einkochen lassen.
10. Die Füllung aus dem Topf schöpfen, die Glasnudeln untermengen, mit Salz, Pfeffer und Sojasoße abschmecken und abkühlen lassen.
11. Eine Teigscheibe so auf die Arbeitsfläche legen, daß eine der Ecken auf Sie gerichtet ist. Zwei gestrichene Eßlöffel Füllung mitten auf die Teigscheibe geben und etwas zu den Ecken hin verteilen. Eine Ecke über die Füllung in der Mitte falten, die seitlichen Ecken darüberschlagen, das Päckchen in die letzte Ecke einrollen und mit verrührtem Eiweiß festkleben. Die übrigen Röllchen auf dieselbe Weise herstellen.
12. Das Öl in einer Friteuse auf 180°C erhitzen und jeweils ca. 6 bis 7 Röllchen zugleich in 3 bis 3,5 Minuten goldbraun fritieren.
13. Die Röllchen aus der Friteuse heben, auf Küchenpapier abtropfen lassen und mit chinesischer Tomatensoße (siehe Seite 34) oder Chilisoße (aus der Flasche) servieren.

Chinesische Frühlingsrollen sind ausgezeichnete Appetitanreger.

Pangsit *(China)*

Für ca. 16 Stück

16 Pangsit-Teigscheiben (tiefgekühlt oder frisch)
1 EL Mehl
200 g geschälte Garnelen
350 g Hackfleisch vom Schwein
3 Knoblauchzehen
3 EL gehackte Frühlingszwiebeln
3 EL feingehackter Porree (nur weiße Teile)
1 EL feingehackte Bambussprossen (aus der Dose)
1 TL feingehacktes Selleriekraut
1 großes Ei
Salz, ½ TL schwarzer Pfeffer
1 Eigelb
1 l Öl zum Fritieren

1. Tiefgekühlte Pangsit-Teigscheiben rechtzeitig auftauen lassen und nebeneinander auf eine leicht bemehlte Arbeitsfläche legen.
2. Die Garnelen auf Sauberkeit prüfen und mit dem Hackfleisch in einen Mixer oder eine Küchenmaschine geben.
3. Die Knoblauchzehen schälen und mit den Zwiebeln, dem Porree, den Bambussprossen, dem Selleriekraut und dem verrührten Ei zusammen der Fleisch-Garnelen-Masse zufügen.
4. Alles zu einem homogenen Teig verquirlen und mit Pfeffer und Salz, eventuell mit einer Prise Ve-tsin, abschmecken.
5. Aus dieser Masse Bällchen in der Größe einer großen Murmel formen und eine in die Mitte jeder Teigscheibe legen.
6. Jede Teigscheibe von einer Ecke aus über die Mitte einrollen. Äußere Ecken nach hinten falten. Ränder mit verrührtem Eigelb bestreichen.
7. Das Öl in einer Friteuse mit Korb auf ca. 180 °C erhitzen und nicht allzu viele Pangsit-Taschen zugleich darin schnell gar und goldgelb fritieren.
8. Die fertigen Pangsit-Taschen mit einem Schaumlöffel aus der Friteuse herausheben und auf einer Schale mit Küchenpapier abtropfen lassen.
9. Mit chinesischer Tomatensoße (siehe Seite 34) servieren. Wenn Sie der Tomatensoße ½–1 Teelöffel Chilisoße zufügen, wird sie noch pikanter.

Pasteten *(China, Indonesien)*

Für ca. 16 Stück

250 g mageres Hackfleisch vom Rind oder Kalb
1 Eiweiß
1 TL Salz, ½ TL weißer Pfeffer
½ TL Djintan (Kreuzkümmel)
½ TL Ketumbar (Koriander)
1 EL Mehl, 1 EL Ketjap
75 g Glasnudeln
1 Zwiebel
2–3 Knoblauchzehen
6 Möhren (ca. 100 g)
1 dünne Stange Porree
3–4 EL Sonnenblumen- oder Maisöl
2 EL Sahne oder Kaffeesahne
1 EL feingehacktes Selleriekraut
1 Päckchen Teigscheiben für Pasteten oder Pangsit
1 EL Mehl zum Bestäuben
1 Eigelb
1 l Öl zum Fritieren

1. Das Hackfleisch in eine Schüssel geben, das verrührte Eiweiß zufügen. Salz, Pfeffer, Djintan und Ketumbar mit dem Mehl mischen und auf das Fleisch streuen. Ketjap hinzufügen. Alles gut verkneten.
2. Die Glasnudeln in einem Schälchen mit 3 dl kochendem Wasser übergießen, ca. 1,5 Minuten heiß werden lassen, bis die Nudeln aufquellen und transparent werden, in ein Sieb gießen und beiseite stellen.
3. Zwiebel und Knoblauch schälen und sehr fein hacken. Die geschabten Möhren und den gewaschenen Porree ebenfalls fein hacken.
4. Das Öl in einem Wok oder einer Bratpfanne erhitzen und darin Zwiebel, Knoblauch und Porree in vier Minuten goldgelb braten. Das Hackfleisch zufügen und mitbraten, bis das Fleisch heller wird.
5. Die Möhren beigeben und unter ständigem Umschichten mitbraten.
6. Die Sahne hinzufügen, mit Salz, Pfeffer und Selleriekraut abschmecken und die Glasnudeln untermischen.
7. Den Topf von der Wärmequelle nehmen und alles abkühlen lassen.
8. Die Teigscheiben auf eine leicht bemehlte Arbeitsfläche legen und mitten auf jede Scheibe einen Eßlöffel Füllung schöpfen.
9. Die Ränder mit verrührtem Eigelb aufeinanderdrücken, so daß halbmondförmige Pastetchen entstehen. Beim Verwenden von Teigscheiben für Pangsit läßt sich der Teig mit Messer oder Schere abrunden.

10. In einer Friteuse mit Korb das Öl auf 180 °C erhitzen und die Pasteten in einigen Minuten knusprig goldgelb fritieren.

11. Die Pasteten mit einem Schaumlöffel aus dem Öl nehmen und auf einer Platte mit Küchenpapier abtropfen lassen. Warm mit Ingwersoße oder chinesischer Tomatensoße (siehe Seite 37 und 34) servieren.

Saté aus Schweinefleisch *(China, Indonesien)*

Siehe Foto auf Seite 22 und 23

Für ca. 25 Stück

1 kg mageres Schweinefleisch in Scheiben
6–8 Knoblauchzehen
4 mittelgroße Zwiebeln
2 dl Ketjap manis
2–3 EL Zitronensaft
1,5 cm Ingwerwurzel oder 1 TL Ingwerpuder
1,5 EL Ketumbar (Koriander)
2 TL Serépuder
1 EL Djintan (Kreuzkümmel)
1 EL Gula djawa (Javazucker)
2 TL Sambal badjak
Salz
Öl zum Bestreichen
Satéspieße

Varianten
Saté läßt sich auch aus Hühnerfleisch, Lammfleisch, Hammelfleisch oder großen chinesischen Krabben herstellen. Man verwendet dazu dieselben Zutaten wie beim Schweinefleisch. Eine Ausnahme ist Krabbensaté: Hier wird weniger stark mit Djintan und Ketumbar gewürzt, sonst geht der feine Geschmack der Krabben verloren.

1. Das Schweinefleisch in Würfel von 2–3 cm schneiden und beiseite stellen.
2. Knoblauchzehen und Zwiebeln schälen, dann fein hacken und in eine ziemlich große Schüssel geben.
3. Ketjap, Zitronensaft, geraspelte Ingwerwurzel, Ketumbar, Seré, Djintan und geraspelten Gula djawa zufügen und alles gut vermischen.
4. Die Marinade abschmecken und Sambal hinzufügen, eventuell salzen. Die Fleischwürfel einlegen und so lange umwenden, bis alles gut mit Marinade bedeckt ist.
5. Fleisch mindestens 24 Stunden zugedeckt in der Marinade lassen.
6. Die Fleischwürfel mit einem Schaumlöffel aus der Marinade nehmen und zum Abtropfen auf ein Sieb geben. Die Marinade für die Soße aufbewahren!
7. Die Fleischwürfel auf die Satéspieße stecken, ca. fünf Stück pro Spieß. Inzwischen den Grill vorheizen.
8. Das aufgespießte Fleisch mit etwas Öl bestreichen und unter regelmäßigem Wenden in 6 bis 10 Minuten goldbraun und gar rösten.
9. Mit Erdnußsoße oder Ketjapsoße (siehe Seite 33) servieren.

Tip
Aus der übriggebliebenen Marinade läßt sich eine schmackhafte Soße bereiten: Die Marinade in einen Stieltopf mit dickem Boden gießen. Mindestens 1 dl Ketjap zufügen und langsam zum Kochen bringen. 3–4 Eßlöffel Erdnußpaste zufügen, nach Geschmack Sambal und Ketumbar, Djintan (oder Seré). Weiterrühren, damit die Soße nicht anbrennt, und sie gerade am Siedepunkt halten. Die Soße gesondert in einem Schälchen servieren oder mit einem Teil der Soße die Satéspieße bedecken. Im letzteren Fall müssen die Spieße ebenfalls warm gehalten werden, z. B. auf einem Rechaud.

Auf den nächsten Seiten sehen Sie Saté aus Schweinefleisch mit Satésoße abgebildet.

Pisang goreng *(Indonesien)*

Bananenbeignets

ca. 10 große Bananen

Für den Teig:
150 g Mehl
2,5 dl Milch
15 g frische Hefe oder 7 g Trockenhefe
1 Ei

1 l Sonnenblumen- oder Maisöl
Puderzucker

1. Die Bananen schälen, in Stücke von ca. 8 cm schneiden und auf eine große Schale legen.
2. Für den Teig: Das Mehl in einer Schüssel mit der Milch und der Hefe glattrühren. Das Ei verquirlen und hinzufügen.
3. Das Öl in der Friteuse auf 180 °C erhitzen. Die Bananenstücke durch den Teig ziehen und jeweils drei oder vier Stücke ins heiße Öl tauchen.
4. Nach ca. zwei Minuten sind sie goldbraun und knusprig. Die Stücke mit einer Fleischgabel oder einem Schaumlöffel aus der Friteuse nehmen und auf einer Platte mit Küchenpapier abtropfen lassen.
5. Die Bananenbeignets mit Puderzucker bestreuen und sofort servieren, denn sie kühlen schnell ab.

Tip
Zu diesem Rezept lassen sich auch die reiferen grünen Bananen verarbeiten. Diese Bananen in kleinere Stücke schneiden oder der Länge nach teilen und dann Stücke von ca. 6 cm schneiden. Die Stücke durch den beschriebenen Teig ziehen und ebenfalls in heißem Öl goldbraun fritieren.

Krupuk *(China, Indonesien)*

Krabbenbrot / Reiscrackers

1 l Öl zum Fritieren
getrockneter Krupuk udang, tjengek, emping usw.

1. Öl ca. 12 cm hoch in einen großen Topf gießen und auf ca. 160 °C erhitzen.
2. Große Stücke Krupuk (udang) nach Wunsch in der Mitte durchbrechen und ins heiße Öl geben.
3. Erst mit 1 oder 2 Stücken probieren, ob der Topf groß genug ist; der Krupuk quillt während des Fritierens stark auf.
4. Den Krupuk, sobald er hellgelb ist und sich nicht mehr ausdehnt, mit einem Schaumlöffel aus dem Öl nehmen.
5. Die Stücke auf einer großen Schale mit Küchenpapier abtropfen lassen. Eventuell mit Salz bestreuen. Krupuk läßt sich sowohl warm als auch kalt essen.

Tip
Wenn Sie über einige gut verschließbare Dosen oder Flaschen verfügen, können Sie einen kleinen Vorrat an Krupuk fritieren, der sich etwa eine Woche frisch hält. In asiatischen Geschäften ist Krupuk in allerlei Sorten erhältlich: Aus Reis, Krabben oder Nüssen, rosa Krupuk, sogar mit farbigen Rändern, kurzum, für jeden etwas. Die farbigen Sorten sind unschädlich; sie werden mit natürlichen Farbstoffen hergestellt.

Hühnersuppe *(China)*

250–300 g Hühnerfilet
1 l Hühnerbrühe, selbst gemacht oder aus Würfeln
1 cm Ingwerwurzel
50–75 g Bambussprossen
100 g Champignons
1 dünne Stange Porree
2 Krautschalotten oder Frühlingszwiebeln
½ EL helle Sojasoße
1 EL Weinessig
2 EL Weißwein oder Sherry
Salz
Pfeffer
2 TL Zucker
1 TL Sesamöl

1. Die Sehnen aus dem Hühnerfilet entfernen und das Fleisch in schmale Streifen schneiden. Die Brühe mit einer Scheibe geschältem Ingwer zum Kochen bringen.
2. Die Bambussprossen in streichholzdünne Streifen schneiden.
3. Die Champignons säubern, waschen und in Scheiben schneiden.
4. Porree und Krautschalotten sehr fein hacken, grüne und weiße Teile gesondert.
5. Das Hühnerfleisch mit den Bambussprossen, den Champignons und dem Weißen von Porree und Krautschalotten zur siedenden Brühe geben.
6. Die Sojasoße, den Essig und den Wein dazugeben; mit Salz, Pfeffer und Zucker abschmecken. Die Ingwerscheibe nach Belieben entfernen.
7. Zum Schluß das Sesamöl unterrühren. Bevor die Suppe in vorgewärmten Suppenschälchen serviert wird, das feingehackte Grün von Porree und Schalotten darüberstreuen.

Tip
Nach Wunsch können Sie ein Ei mit zwei Eßlöffel Wasser verrühren und daraus ein dünnes Omelett backen. Das Omelett schneiden Sie in ganz schmale Streifen, die Sie kurz vor dem Servieren in die Suppe geben. Anstelle des Weinessigs können Sie auch Limonen- oder Zitronensaft verwenden.

Eierflockensuppe *(China)*

1 l Hühnerbrühe
2 kleine Eier oder 1 großes Ei
75 g Tahu / Tofu
2 Frühlingszwiebeln oder Krautschalotten
Salz
Pfeffer
1 TL Zucker
1 EL helle Sojasoße
50 g gekochter Schinken

1. Die Brühe langsam zum Kochen bringen. Inzwischen die Eier verrühren. Den Tofu in Würfel schneiden und in die Brühe geben.
2. Die Hitze ganz zurückschalten und die verrührten Eier vorsichtig über einen Löffelstiel in die Brühe laufen lassen.
3. Dabei langsam in einer Richtung umrühren, damit sich das Ei verteilen kann.
4. Die Wärmequelle ausschalten oder den Topf vom Herd nehmen, den Deckel schließen und das Ei in ca. einer Minute fest werden lassen.
5. Inzwischen die Frühlingszwiebeln säubern und ganz fein hacken.
6. Die Suppe mit Salz, Pfeffer und Zucker abschmecken und die Sojasoße hineinrühren.
7. Die Suppe in vorgewärmten Schälchen, mit den gehacken Zwiebeln und dem in Streifen geschnittenen Schinken bestreut, servieren.

Wantan-Suppe *(China)*

ca. 25 Wantan- oder Pangsit-Teigscheiben
1 EL Mehl
1 l Hühnerbrühe
200 g Hühnerfilet
100 g Hackfleisch vom Kalb
Pfeffer
Salz
3 Krautschalotten oder Frühlingszwiebeln
1 dünne Stange Porree
1 Eiweiß
ca. 60 g Glasnudeln
100 g Paksoi oder Spinat
1 EL helle Sojasoße
evtl. Sellerieblatt und
gekochter Schinken als Garnitur

1. Die Teigscheiben auf eine bemehlte Arbeitsfläche legen. In einem großen Topf die Brühe zum Kochen bringen.
2. Das Hühnerfleisch in sehr schmale Streifen schneiden oder fein hacken und mit dem Hackfleisch vermischen. Mit Pfeffer und Salz abschmecken.
3. Die Schalotten schälen und, Grün und Weiß gesondert, sehr fein hacken. Den Porree in hauchdünne Ringe schneiden. Das Weiße von Zwiebeln und Porree dem Fleisch zufügen und die Masse mit Pfeffer und Salz abschmecken.
4. Auf jede Teigscheibe 1–2 TL von dieser Masse legen und den Teig zu einem Bündel falten; die Ränder mit verrührtem Eiweiß festkleben.
5. Die Glasnudeln in einer Schüssel mit mindestens 1 Liter kochendem Wasser übergießen und rühren, bis die Nudeln weich, aber noch fest sind. Die Nudeln in ein Sieb geben, mit kaltem Wasser übergießen und beiseite stellen.
6. Paksoi oder Spinat (mit Stiel) waschen. Paksoi wird ca. drei Minuten blanchiert, Spinat nicht.
7. Die Wantans in die Brühe legen und in ca. 12 Minuten bei niedrigster Hitze gar werden lassen.
8. Während der letzten fünf Minuten das Paksoi- oder Spinatgemüse mitkochen lassen und die Suppe mit Sojasoße, Pfeffer und Salz abschmecken.
9. In jedes vorgewärmte Suppenschälchen einen Teil der Glasnudeln legen, darauf eine Portion Wantans und Paksoi mit der Hühnerbrühe.
10. Zum Schluß mit dem Grün der Schalotten und eventuell etwas gehacktem Sellerieblatt sowie mit feingehacktem gekochten Schinken garnieren.

Tip
Bei diesem Rezept können Sie auch fertig gekaufte Wantans verwenden, die in fast allen asiatischen Geschäften vorrätig sind. Das erspart Ihnen Zeit, obwohl es sicher eine nette Arbeit ist, sie selbst herzustellen. Wenn Sie fertig gekaufte Wantans verwenden, brauchen Sie natürlich weder Hühnerfilet noch Kalbshackfleisch und Porree einzukaufen.

Wantan-Suppe ist ein feines chinesisches Vorgericht.

Haifischflossensuppe *(China)*

ca. 150 g getrocknete Haifischflosse
1,25 l Hühnerbrühe
1–2 Frühlingszwiebeln
3 cm Ingwerwurzel
200–250 g Hühnerfilet
1 EL Mehl
2–3 El Sonnenblumenöl
50 g Bambussprossen aus der Dose
1–1,5 EL roter Weinessig
2 EL helle Sojasoße
1 EL dunkle Sojasoße
1 TL Zucker
Salz
1,5 EL Maizena
2 kleine Eier oder 1 großes Ei
1 EL Margarine
evtl. gekochter Schinken als Garnitur

1. Die Haifischflosse über Nacht in reichlich heißem Wasser einweichen. Die ganze Haifischflosse in ein Sieb geben und alle unschönen Teile entfernen. Einige Male gut abspülen und in einem Topf mit 1,5 l Wasser zum Kochen bringen. Etwa zwei Stunden ziehen lassen, bis die Flossenteile weich geworden sind. Inzwischen die Hühnerbrühe in einem großen Topf erwärmen.
2. Die Zwiebeln und die Ingwerwurzel säubern, fein hacken, der Brühe zufügen und während der letzten 30 Minuten bei geschlossenem Deckel mitkochen lassen.
3. Die Sehnen aus dem Hühnerfilet entfernen, das Filet sehr fein hacken und mit dem Mehl bestäuben, dann 10 Minuten stehenlassen.
4. Die Haifischflosse abgießen und beiseite stellen. Das Öl in einem Wok erhitzen, und darin das Hühnerfleisch schnell rundherum anbraten, bis es bräunt. Das Fleisch herausnehmen.
5. Einige Löffel Brühe in den Wok schöpfen, durchrühren und das Hühnerfleisch zufügen.
6. Die Bambussprossen in streichholzdünne Streifen schneiden und ebenfalls zufügen.
7. Den Weinessig, beide Sojasoßen, Zucker und Salz nach Geschmack zufügen und die Haifischflosse beigeben. Die Suppe noch fünf Minuten ziehen lassen.
8. Das Maizena mit 3 Eßlöffel Wasser verrühren und unter ständigem Rühren zur Suppe geben, bis diese etwas gebunden ist.
9. Die Eier mit einem Löffel Wasser verquirlen und in etwas Margarine ein sehr dünnes Omelett backen, das in ganz schmale Streifen geschnitten wird.
10. Die Suppe in vorgewärmten Schälchen servieren, mit Omelettstreifen und nach Wunsch mit sehr feingehacktem gekochten Schinken garniert.

Variante
Es versteht sich von selbst, daß die meisten von Ihnen die Original-Haifischflossensuppe, wie sie hier beschrieben ist, nicht kennen. Was im Restaurant oft serviert wird, ist eine Art Eierflokkensuppe, nämlich heiße Hühnerbrühe mit dem verrührten Eiweiß von einem oder mehreren Eiern, die in Textur und Konsistenz der Haifischflossensuppe weitgehend gleicht, natürlich aber viel billiger ist.

Tip
Haifischflosse gibt es sowohl getrocknet als auch in Dosen zu kaufen. Sie ist sehr teuer und nicht überall erhältlich. Darüber hinaus erfordert das Einweichen Geduld: Früher mußte Haifischflosse mindestens vier Tage in reichlich Wasser liegen. Jetzt gibt es aber in asiatischen Geschäften präparierte, getrocknete Haifischflosse, die nur eine Nacht eingeweicht zu werden braucht. Wozu all die Mühe, werden Sie sich fragen. Es ist und bleibt, schon seit Jahrhunderten, eine besonders feine Suppe. Probieren Sie sie vielleicht erst einmal in einem Restaurant; allerdings ist Haifischflossensuppe auch dort eine teure Delikatesse.

Abalonensuppe *(China)*

4–6 getrocknete mittelgroße chinesische Champignons
100–150 g Abalonen (Schneckenart, in Dosen erhältlich)
1 l Hühnerbrühe
100 g mageres Hackfleisch vom Schwein oder Kalb
1 EL helle Sojasoße
½ EL dunkle Sojasoße
1 EL Austernsoße
½ TL Pfeffer
4–5 cm Ingwerwurzel
3 Krautschalotten oder Frühlingszwiebeln
3 EL Sonnenblumen- oder Maisöl
1 EL Maizena
2 kleine Eier
100 g gekochter Schinken von der Hinterkeule

1. Die Champignons 30–45 Minuten in so viel warmem Wasser einweichen, daß sie ganz bedeckt sind. Dann die Stiele entfernen und die Hütchen eventuell durchschneiden. Das Einweichwasser für später aufheben.
2. Die Abalonen aus der Dose abgießen und die Flüssigkeit ebenfalls aufbewahren. Die Abalonen in schräge, dünne Scheiben schneiden.
3. Die Hühnerbrühe langsam zum Kochen bringen. Inzwischen das Hackfleisch mit den beiden Sojasoßen, der Austernsoße und etwas frisch gemahlenem Pfeffer vermengen und 10 Minuten ziehen lassen.
4. Die Ingwerwurzel schälen und sehr fein hacken. Die Schalotten schälen und, Weiß und Grün gesondert, haarfein hacken. In einem großen Topf mit kräftigem Boden das Öl erhitzen und darin das Weiße der Schalotten mit dem Ingwer in zwei Minuten goldgelb rühr-braten.
5. Das Fleisch zufügen und ebenfalls zwei Minuten rühr-braten. Einen Eßlöffel Brühe dazugeben und durchrühren. Diese Masse in die Brühe geben. Etwa 2 dl Einweichwasser der Champignons und den Abalonensaft aus der Dose einrühren.
6. Die Champignons beigeben und alles in ca. acht Minuten erwärmen. Die Abalonen hinzufügen und nochmals vier Minuten erwärmen; nicht länger, denn dann wird das Abalonenfleisch zäh.
7. Das Maizena mit 2 Eßlöffel Wasser anrühren und die Suppe unter ständigem Rühren damit binden. Die Hitze ganz zurückschalten oder den Topf auf eine Warmhalteplatte stellen.
8. Die Eier mit einem Eßlöffel Wasser verrühren und daraus zwei hauchdünne Omeletts backen. Das Omelett und den Schinken in ganz feine Streifen schneiden.
9. Die Suppe in vorgewärmte Schälchen geben und vor dem Servieren mit dem feingehackten Grün der Schalotten sowie den Omelett- und Schinkenstreifen garnieren.

Auch mit dem großen Hackmesser, wovon es übrigens verschiedene Arten gibt, kann der chinesische Koch haarfeine Streifen schneiden oder sogar kleine Rosen aus Tomaten und Möhren.

Soto ayam *(Indonesien)*

Indonesischer Eintopf

Für 6 bis 7 Personen

1 kg Suppenhuhn oder Hühnerklein
4 Salam-Blätter
4 Blättchen Djeruk Puruk
5 Stengel Seré (Zitronengras)
1 TL Pfefferkörner, flach gedrückt
5 cm Ingwerwurzel
2 mittelgroße Zwiebeln
3 mittelgroße Knoblauchzehen
4 Kemiri-Nüsse
1 EL Laos (gemahlene Galangawurzel)
1,5 TL Ketumbar (Koriander)
1,5 TL Kurkuma (Gelbwurz)
1 Schote spanischer Pfeffer oder 1 TL Sambal djeruk
1,5 TL Trasi, zerkrümelt (Fischextrakt)
Salz
1 TL Gula djawa (Javazucker), geraspelt, oder brauner Farinzucker
Öl

Für die Einlage:
ca. 6 mittelgroße Kartoffeln
12 – 14 kleine Eier (Gew. Kl. 5)
½ Kopf Weiß- oder Wirsingkohl (ca. 200 g)
200 g Bohnenkeime
2 mittelgroße Stangen Porree
½ Büschel Selleriekraut
250 g gekochter Reis
gebratene Zwiebeln
verschiedene Sorten Sambal (in Gläschen)
150–200 g Glasnudeln
1–2 Zitronen
Krupuk

1. In einem hohen, großen Topf ca. 2,5–3 l Wasser und darin das Huhn, die Blättchen Salam und Djeruk, Seré, Pfefferkörner und die geschälte, in Scheiben geschnittene Ingwerwurzel langsam zum Kochen bringen.
2. Zwiebeln und Knoblauchzehen schälen und grob hacken. Im Mixer die Kemiri-Nüsse, Zwiebel- und Knoblauchstücke, Laos, Ketumbar, Kurkuma, die zerschnittene Pfefferschote ohne Samen, Trasi, Salz und Gula djawa zu einer dicken Masse mixen.
3. Im großen Wok Öl erhitzen und darin die Kräutermischung einige Minuten auf mäßiger Hitze braten, dann mit einigen Löffeln Brühe verrühren und alles zur Brühe hinzufügen. Diese Brühe 2,5 bis 3 Stunden ziehen lassen. Dann ist das Huhn gar.
4. Das Huhn herausnehmen, Knochen und unbrauchbare Teile entfernen; das Hühnerfleisch wieder in den Topf legen.
5. Inzwischen die Kartoffeln als Pellkartoffeln kochen, etwas abkühlen lassen, dann pellen und in 1,5 cm dicke Scheiben schneiden. Die Eier hart kochen und abschrecken, schälen, halbieren und beiseite stellen.
6. Den gewaschenen Kohl fein schneiden und drei Minuten blanchieren. Die Bohnenkeime waschen und schnell mit kochendem Wasser übergießen. Abtropfen lassen; Kohl und Bohnenkeime auf einen Teller legen.
7. Porree und Sellerie waschen. Den Porree schneiden und das Selleriekraut hacken. Beide während der letzten 30 Minuten der Kochzeit mit der Suppe ziehen lassen.
8. Den gekochten Reis in ein hübsches Schälchen füllen.
9. Den Topf mit Suppe auf einem Rechaud auf den Tisch stellen.
10. Teller oder Schälchen mit Kartoffelscheiben, Porree, Sellerie, Bohnenkeimen, Kohl, Eiern, gerösteten Zwiebeln, Reis, Sambal, Glasnudeln, Zitronenscheiben und eventuell Krupuk um die Suppe drapieren.

Servieren

Wie ißt man Soto? Auf einen tiefen Teller etwas Reis geben, nach Belieben etwas Sambal einrühren, darauf und rundherum Kartoffelscheiben, Kohl, Bohnenkeime und all die übrigen Dinge, von jedem etwas. Einige Schöpflöffel Soto mit Hühnerfleisch darübergießen, etwas Zitronensaft hineintröpfeln und mit den gerösteten Zwiebeln garnieren. Man nimmt so viel Suppe, daß alles gut damit bedeckt ist. So schmeckt Soto ayam am besten, auch noch eine zweite Portion!

Soto ayam ist ein herrliches Eintopfessen.

Chinesische Tomatensuppe

350–400 g reife Tomaten
2–3 Krautschalotten oder Frühlingszwiebeln
1 mittelgroße Zwiebel
1 Knoblauchzehe
4 EL Sonnenblumenöl
2 TL geraspelte Ingwerwurzel oder
1 TL Ingwerpuder
1 l ungesalzene Hühnerbrühe
2 EL Tomatenketchup
3 Tropfen Chilisoße
4–5 EL Ingwersirup
3 EL roter Weinessig
Salz
½ TL Pfeffer

1. Die Tomaten 15 Sekunden in kochendes Wasser tauchen, enthäuten und durch ein Sieb drücken. Auf einem Teller zur Seite stellen.
2. Frühlingszwiebeln säubern und in feine Ringe schneiden, Weiß und Grün gesondert. Zwiebel und Knoblauch schälen, sehr fein hacken.
3. In einem Topf mit schwerem Boden Öl erhitzen und das Weiße der Schalotten, die Zwiebel und den Knoblauch in drei Minuten goldgelb braten. Den Ingwer hinzufügen und noch eine Minute rühr-braten.
4. Das Tomatenpüree zufügen und eine Minute mitbraten. Die Hühnerbrühe in einem großen Topf erwärmen und einige Eßlöffel voll Brühe in die Tomatenmasse einrühren.
5. Die Masse vom Boden rühren und in die Brühe geben. Die Brühe langsam und unter ständigem Rühren zum Kochen bringen.
6. Tomatenketchup, Chilisoße, Ingwersirup und Essig hinzufügen.
7. Mit Salz und Pfeffer abschmecken und zum Schluß mit dem gehackten Grün der Schalotten garnieren.

Tip
Anstatt Ingwersirup, den es in asiatischen Läden zu kaufen gibt, können Sie auch drei Eßlöffel braunen Zucker oder mehr zufügen. Allerdings verleiht der süße, etwas scharfe Ingwergeschmack der Suppe das spezielle Aroma. Sie können die Suppe auch mit hellem Honig süßen, nur nicht mit Buchweizenhonig, denn dessen Aroma ist zu vorherrschend. Die frischen Tomaten lassen sich auch durch geschälte Tomaten aus der Dose ersetzen. Diese werden zerkleinert und mit dem Saft zugefügt.

Maissuppe mit Crabmeat und Huhn (China)

1,25 l Hühnerbrühe, selbstgemacht oder Würfelbrühe
250 g Hühnerfilet
1 Ei
½ TL Pfeffer
1 EL Mehl
2 EL helle Sojasoße
3 EL Weißwein oder Sherry Medium
200 g Crabmeat (aus der Dose)
100 g gekochterSchinken von der Hinterkeule
ca. 300 g Mais (aus der Dose)
1 Krautschalotte oder Frühlingszwiebel
½ TL Worcestersoße
Salz
Pfeffer

1. Die Hühnerbrühe in einem großen Topf langsam zum Kochen bringen.
2. Inzwischen die Sehnen aus dem Hühnerfilet entfernen und das Fleisch in sehr schmale Streifen schneiden.
3. Ei verrühren und zum Hühnerfleisch geben. Pfeffer unter das Mehl mischen und damit das Fleisch bestreuen; 10 Minuten ziehen lassen.
4. Das Hühnerfleisch in die Brühe geben. Sobald die Brühe siedet, die Hitze zurückschalten.
5. Die Sojasoße und den Wein in die Brühe gießen und umrühren.
6. Den Knorpel aus dem Crabmeat entfernen, das Crabmeat mit einer Gabel sorgfältig zerkleinern und zur Brühe geben.
7. Den Schinken in hauchdünne Streifen schneiden und ebenfalls zufügen. Den Mais abtropfen lassen und in die Brühe geben.
8. Die Suppe noch drei Minuten am Siedepunkt halten. Die gesäuberte Krautschalotte in feine Ringe schneiden.
9. Mit Worcestersoße, Salz und Pfeffer abschmecken. Die Suppe mit den Schalottenringen garniert servieren.

Erdnußsoße *(Indonesien)*

1 mittelgroße Zwiebel
2 Knoblauchzehen
3 EL Sonnenblumen- oder Sojaöl
2–3 TL Sambal trasi oder ulek
6 EL Ketjap manis
1 TL Kentjurpuder
4 EL Erdnußpaste
2 EL Asem (aus dem Glas)
2–3 TL Gula djawa (Javazucker), geraspelt
Salz
2 EL Zitronensaft

1. Zwiebel und Knoblauch schälen und im Mörser fein stampfen oder im Mixer zu Mus quirlen. In heißem Öl anbraten, bis die Zwiebel weich ist.
2. Der Masse Sambal, Ketjap, Kentjur, Erdnußpaste, Asem, Gula djawa und Salz nach Geschmack zufügen, zum Schluß den Zitronensaft.
3. Mit einem Holzlöffel rühren, bis eine sämige, gleichmäßige Soße entstanden ist. Erwärmen, ohne zum Kochen kommen zu lassen.
4. Die Soße warm zu blanchiertem Gemüse oder gerösteter Saté servieren. Kalt schmeckt sie vortrefflich als Dip zu rohen Gemüsestückchen.

Tip
Sie können diese Soße auch in Ihrer Küchenmaschine zubereiten; das geht schneller und die Soße wird sehr schön glatt. Dabei müssen Sie jedoch während des Zufügens von Flüssigkeit aufpassen vor Spritzern. Immer nur wenig Zitronensaft, eventuell Brühe oder Wasser zugießen.

Ketjapsoße, mild *(Indonesien)*

1 mittelgroße Zwiebel
2 Knoblauchzehen
1 dl Ketjap manis oder asin
1–2 EL Zitronensaft
1 EL Sonnenblumen- oder Maisöl

1. Zwiebeln und Knoblauch schälen und fein hacken. Alles in ein Schälchen geben.
2. Ketjap, Zitronensaft und Öl unter ständigem Rühren zufügen.

Tip
Eine Soße für die verschiedensten Arten von gebratenem oder geröstetem Fleisch, die sich leicht zubereiten läßt. Soll sie noch pikanter schmecken, rühren Sie einen Teelöffel Sambal ulek, badjak oder djeruk unter.

Ketjapsoße, süß-sauer *(Indonesien)*

1 mittelgroße Zwiebel oder 3 Schalotten
2 Knoblauchzehen
1,5 dl Ketjap manis
2–3 EL Asem (aus dem Glas)
3 EL Sonnenblumen- oder Sojaöl
2 TL Gula djawa, geraspelt, oder brauner Fahrnzucker
1 TL Djintan (Kreuzkümmel)
1 TL Ketumbar (Koriander)

1. Zwiebel und Knoblauch schälen, hacken und im Mörser stampfen oder im Mixer verquirlen.
2. Dieses Püree in eine Schüssel geben und erst Ketjap, dann Asem und zuletzt das Öl unterrühren.
3. Unter ständigem Rühren Gula djawa, Djintan und Ketumbar zufügen und weiterrühren, bis eine glatte Soße entstanden ist.
4. Die Soße vor dem Servieren ca. dreißig Minuten mit geschlossenem Deckel in den Kühlschrank stellen.

Tip
Sehr schmackhaft zu geröstetem Fleisch, blanchiertem Gemüse oder als Bestandteil einer Reistafel. Kann auch warm serviert werden.

Gemüsesoße (China)

1 Schalotte
1 Knoblauchzehe
1 dünne Stange Porree
2 Möhren
1 große Tomate
6 mittelgroße Champignons
3 EL Sonnenblumenöl
2 EL Weinessig oder Zitronensaft
1 EL helle Sojasoße
2 EL (Gemüse-)Brühe
1 EL weißer Farinzucker
Salz
frisch gemahlener weißer Pfeffer
2 TL Maizena

1. Schalotte und Knoblauch schälen und sehr fein hacken. Den Porree waschen und nur das Weiße fein schneiden; das Grüne anderweitig, z.B. für eine Suppe, verwenden.
2. Die Möhren schaben, der Länge nach durchschneiden und dann in dünne Scheiben schneiden.
3. Die Tomate 10 Sekunden in kochendes Wasser tauchen, die Haut abziehen und die Tomate entkernen. Das Fruchtfleisch hacken.
4. Die Champignons säubern und in dünne Scheiben schneiden.
5. In einem Topf mit dickem Boden das Öl erhitzen und bei mäßiger Hitze in drei Minuten Schalotte, Knoblauch und Porree goldgelb braten, nicht braun werden lassen. Möhren, Tomate und Champignons zufügen.
6. Unter ständigem Rühren Essig, Sojasoße, Brühe und Zucker zufügen. Bei geringer Hitze gar werden lassen. Mit Salz und Pfeffer abschmecken.
7. Das Maizena mit 1 EL Wasser anrühren und damit die Soße unter Rühren binden. Noch drei Minuten am Siedepunkt halten, dann servieren.

Tip
Die Soße eignet sich als Beigabe zu vielen Rühr-Bratgerichten aus Gemüse, mit oder ohne Fleisch, Huhn, Fisch. Wegen ihres milden Geschmacks paßt sie zu feinem Gemüse wie Spargel, Brokkoli, Chinakohl, Paksoi und Bambus. Die Soße darf auf keinen Fall zu dick werden, also nicht zuviel Stärkemehl verwenden. Am leckersten schmeckt die Soße, wenn Sie anstelle von Weinessig halbsüßen Weißwein zufügen.

Chinesische Tomatensoße

1 mittelgroße Zwiebel oder 2 Schalotten
1 Knoblauchzehe
1 dünne Stange Porree
2 mittelgroße Tomaten
3 EL Sonnenblumen- oder Maisöl
1 TL geraspelte Ingwerwurzel
1 rote spanische Pfefferschote
2 EL Tomatenpüree
3 EL Ingwersirup
1 EL Zitronensaft
2 EL Rotwein
2 dl Hühnerbrühe
1 EL brauner Farinzucker
1 EL Maizena
Salz

1. Zwiebel und Knoblauch schälen und beide fein hacken.
2. Den Porree waschen und fein schneiden. Die Tomaten zehn Sekunden in kochendes Wasser tauchen, Haut abziehen und entkernen, das Fruchtfleisch fein hacken.
3. In einem Topf mit dickem Boden das Öl erhitzen und darin Zwiebel, Knoblauch und Porree in drei Minuten weich und gelb braten. Das Tomatenfleisch sowie die Ingwerwurzel zufügen und noch drei Minuten bei mäßiger Hitze braten.
4. Die Pfefferschote waschen, der Länge nach aufschneiden, die Samen entfernen, die Schote fein hacken und in den Topf geben.
5. Das Tomatenpüree, den Ingwersirup, den Zitronensaft, den Rotwein und zum Schluß die Brühe und den Zucker unterrühren. Die Soße langsam unter ständigem Rühren zum Kochen bringen.
6. Maizena mit 2 EL Wasser anrühren und die Soße damit binden. Mit Salz abschmecken. Noch drei Minuten am Siedepunkt halten.

Auf diesem Foto sehen Sie chinesische Tomatensoße, Currysoße und Sojasoße (beide Rezepte auf Seite 36).

Currysoße *(China, Indonesien)*

Siehe Foto auf Seite 35

1 mittelgroße Zwiebel
1 Knoblauchzehe
1 dünne Stange Porree
3 EL Sonnenblumenöl
½ TL geraspelte Ingwerwurzel
2 EL Currypuder
2 EL roter Weinessig oder Rotwein
2 TL dunkle Sojasoße
3 dl Fleisch- oder Hühnerbrühe
1 TL Zucker
2 TL Maizena
Salz

1. Zwiebel und Knoblauch schälen und in einem Mörser fein stampfen. Den Porree waschen und nur das Weiße klein schneiden; das Grüne kann später zu einer Suppe verwendet werden.
2. Das Öl in einem Topf mit dickem Boden erhitzen und darin Zwiebel, Knoblauch und Porree in drei Minuten bei mäßiger Hitze weich und goldgelb braten.
3. Die Ingwerwurzel mit dem Curry unterrühren. Den Essig, die Sojasoße und die Brühe dazugeben, schließlich den Zucker.
4. Das Maizena mit 2 Eßlöffel Wasser anrühren und in die Soße geben. Die Soße langsam bis an den Siedepunkt erwärmen und rühren, bis sie leicht gebunden ist. Mit Salz und nach Wunsch mit Pfeffer abschmecken und noch zwei Minuten durchkochen lassen.

Tip
Currysoße schmeckt ausgezeichnet zu gedünsteten, gebratenen und gerösteten Fleisch- und Fischgerichten sowie zu kombinierten Gemüsegerichten mit Fleisch und/oder Fisch.

Sojasoße *(China)*

Siehe Foto auf Seite 35

2 EL helle Sojasoße
1 EL dunkle Sojasoße
1 EL Hoisinsoße
3 EL roter Weinessig oder Rotwein
4 EL Hühnerbrühe
1 Schalotte
1 Knoblauchzehe
1 TL geraspelte Ingwerwurzel
½ TL Sesamöl

1. In einer Schüssel die beiden Sojasoßen mit der Hoisinsoße gut verrühren.
2. Essig und Brühe zufügen, weiterrühren, bis eine homogene Flüssigkeit erreicht ist.
3. Die Schalotte sowie die Knoblauchzehe schälen und fein schneiden, dann mit dem geraspelten Ingwer (oder ½ TL Ingwerpuder) zusammen zur Soße geben. Zum Schluß fürs schöne Aussehen das Sesamöl unterrühren.

Tip
Diese Soße kann sowohl als Dip verwendet werden als auch zu einer Marinade dienen. Als Dip schmeckt sie ausgezeichnet zu gerösteter Saté aus Fleisch oder aus Krabben.

Honigsoße (China)

1 Frühlingszwiebel
1 dünne Stange Porree
1 Knoblauchzehe
1 TL geraspelte Ingwerwurzel oder
½ TL Ingwerpuder
2–3 EL weißer Süßwein oder Cream Sherry
2–3 EL hellgelber Blumenhonig
1 EL Tomatenketchup
6 EL Hühnerbrühe
Salz
½ TL schwarzer Pfeffer

1. Zwiebel und Porree säubern und sehr fein hacken.
2. Die Knoblauchzehe schälen und fein hacken. Knoblauch, Zwiebel und Porree in einer Schüssel vermengen.
3. Ingwerwurzel, Wein, Honig, Tomatenketchup sowie Brühe zufügen und alles zu einer glatten Soße verrühren.
4. Zum Schluß Salz und Pfeffer zufügen.

Tip
Diese Soße paßt sehr gut zu Huhn und Schweinefleisch. Sie kann kalt oder etwas angewärmt serviert werden. Die warme Soße mit 1–2 Teelöffel Kartoffelmehl oder Maizena binden. Dann schmeckt sie am besten zu geröstetem Fleisch.

Hoisinsoße (China)

2 Krautschalotten oder Frühlingszwiebeln
1 TL geraspelte Ingwerwurzel oder
½ TL Ingwerpuder
1 dünne Stange Porree
6–5 EL Hoisinsoße
3 EL Weißwein oder Sherry Medium
2 EL helle Sojasoße
4 EL Brühe
1 EL Pflaumensoße (Glas oder Flasche)
1 Messerspitze Fünfkräuterpuder
Salz, Pfeffer

1. Die Schalotten säubern, sehr fein schneiden und mit dem Ingwer in eine Schüssel geben.
2. Nur das Weiße vom gewaschenen Porree in Ringe schneiden und zufügen. Das Grün kann später zu Suppe oder Salat verwendet werden.
3. Hoisinsoße, Wein, Sojasoße, Brühe und Pflaumensoße unterrühren, bis eine glatte Emulsion entstanden ist.
4. Mit Fünfkräuterpuder, Salz und frisch gemahlenem Pfeffer abschmecken.

Tip
Diese Soße schmeckt sehr gut sowohl zu warmem als auch zu kaltem Fleisch. Eventuell kann sie auch leicht erwärmt serviert werden.

Ingwersoße (China)

2 Krautschalotten
2 Knoblauchzehen
3 EL Sonnenblumen- oder Sojaöl
1 EL geraspelte Ingwerwurzel oder
1,5 TL Ingwerpuder
2 EL Tomatenpüree
2 EL roter Weinessig oder Rotwein
2 dl Fleisch- oder Hühnerbrühe
2 TL dunkle Sojasoße
5 gezuckerte Ingwerbällchen (Glas)
2 TL Maizena, ½ TL Zucker, Salz

1. Schalotten und Knoblauch schälen und fein schneiden. Das Öl in einem Topf mit kräftigem Boden erhitzen. Zwiebel und Knoblauch darin bei mäßiger Hitze in drei Minuten weich und goldgelb braten.
2. Unter ständigem Rühren die Ingwerwurzel und das Tomatenpüree zufügen, nach zwei Minuten auch den Essig, die Brühe und die Sojasoße.
3. Die gezuckerten Ingwerbällchen sehr fein hacken und zufügen. Das Maizena mit 2 Eßlöffel Wasser anrühren und damit die Soße binden.
4. Die Ingwersoße mit Zucker und Salz abschmecken und noch zwei bis drei Minuten am Siedepunkt halten.

Fünfkräutersoße (China)

2 Frühlingszwiebeln oder Krautschalotten
2 Knoblauchzehen
1 TL geraspelte Ingwerwurzel oder
½ TL Ingwerpuder
2 EL dunkle Sojasoße
1 EL helle Sojasoße
3 EL Sesamöl
1 dl Fleischbrühe
2 EL roter Weinessig oder Rotwein
½ TL Fünfkräuterpuder
½ TL schwarzer Pfeffer
Salz

1. Zwiebel und Knoblauch schälen und sehr fein hacken.
2. Beides in eine Schüssel geben, dann erst den Ingwer zugeben, anschließend die beiden Sojasoßen unterrühren.
3. Sesamöl, Fleischbrühe sowie Weinessig zufügen und rühren, bis alles gut vermengt ist.
4. Mit Fünfkräuterpuder, Pfeffer und Salz abschmecken. Bei geschlossenem Deckel eine Stunde im Kühlschrank ziehen lassen.

Tip
Verwenden Sie diese Soße als Marinade für Schweine- oder Rindfleisch, Huhn und festen Fisch. Nach dem Marinieren können Sie die übriggebliebene Marinade ganz oder teilweise zu einer Soße verarbeiten.

Fischsoße (China)

1 Schalotte
1 Knoblauchzehe
1 EL helle Sojasoße
½ EL dunkle Sojasoße
1 EL Fischsoße (Nam Pla)
6 EL Fleischbrühe
3 EL Weißwein oder Sherry Medium
½–1 EL Honig
Salz
frisch gemahlener Pfeffer

1. Schalotte und Knoblauch schälen und fein hacken, in eine Schüssel geben und die beiden Sojasoßen sowie die Fischsoße unterrühren.
2. Anschließend Brühe und Wein zugeben, zum Schluß den Honig. Rühren, bis alles gut vermischt ist.
3. Mit Salz und Pfeffer abschmecken.

Tip
Paßt gut als Marinade für Fisch, Muscheln und Schaltiere, aber auch als Dip zu gebratenem oder gedünstetem Fisch. Im letzteren Fall die Soße erwärmen und mit 1 bis 2 Teelöffel Kartoffelmehl oder Maizena binden.

Chinakohl mit Huhn *(China)*

ca. 800 g Chinakohl (Brassica pekinensis) oder
Weißkohl
250 g Hühnerfilet
4 Krautschalotten oder Frühlingszwiebeln
1 Knoblauchzehe
4 EL Sonnenblumen- oder Sojaöl
1 TL feingehackte Ingwerwurzel oder
½ TL Ingwerpuder
1 rote Paprikaschote
1 gelbe Paprikaschote
1 dl Fleisch- oder Hühnerbrühe
3 EL Weißwein oder Sherry Medium
1 EL helle Sojasoße
½ TL Salz
1 TL Zucker

1. Den Kohl waschen. Häßliche Blätter entfernen und die Herzblätter lösen. Harte Blattmittelrippen herausschneiden. Die schönsten Blätter zum Garnieren aufbewahren. Jeweils eine Anzahl Blätter aufeinanderstapeln und quer in schmale Streifen schneiden.
2. Gegebenenfalls die Sehnen aus dem Hühnerfilet entfernen und das Filet in hauchdünne Scheiben schneiden.
3. Die Krautschalotten säubern. Weiße und grüne Teile gesondert hacken. Auch die geschälte Knoblauchzehe fein schneiden.
4. Den Wok erst auf hoch eingestellter Wärmequelle erhitzen, das Öl über die Ränder eingießen und in heißem Öl das Weiße der Schalotten, den Knoblauch und den Ingwer eine Minute rühr-braten. Dann das Hühnerfleisch zufügen und zwei Minuten mitbraten, bis das Fleisch bräunt.
5. Die Paprikaschoten waschen, durchschneiden und die Samen entfernen; die Schoten in viereckige oder rhombenförmige Stücke schneiden und eine Minute mit im Wok rühr-braten.
6. Den geschnittenen Kohl beigeben und alles unter ständigem Umschichten eine Minute braten. Brühe, Wein und Sojasoße zufügen; alles bei geschlossenem Deckel zwei Minuten dünsten, bis der Kohl weich, aber noch fest ist.
7. Mit Salz und Zucker abschmecken. Das Gericht auf eine vorgewärmte Platte geben, die mit den zurückbehaltenen Kohlblättern ausgelegt ist.
8. Als Garnierung das gehackte Grün der Schalotten darüberstreuen.

Tip
Zu diesem leichten, zarten Gemüsegericht servieren Sie eine Schüssel gekochte feine chinesische Nudeln. Auch leicht angebraten schmecken diese Nudeln sehr gut dazu.

Varianten
Anstatt Hühnerfilet können Sie auch geschälte Garnelen oder mageres Rind- oder Schweinefleisch nehmen. Sogar Hackfleisch können Sie mit den Krautschalotten oder Frühlingszwiebeln braten. Sie sehen: Mit so vielen verschiedenen Möglichkeiten können Sie dieses Gericht öfter mal auf den Speisezettel setzen.

Aus Chinakohl läßt sich vieles zubereiten. Versuchen Sie
einmal dieses schmackhafte Kohlgericht mit Huhn.

Tjap tjoi mit Schweinefleisch *(China)*

250 g mageres Schweinefleisch
1 Eiweiß
Salz
frisch gemahlener schwarzer Pfeffer
1 EL Mehl
100 g Strohchampignons (Dose)
75 g Bohnenkeime
75 g Weiß- oder Wirsingkohl
75 g Bambussprossen
6 Möhren
1 mittelgroße Zwiebel
2 Knoblauchzehen
1 dünne Stange Porree
4–5 EL Sonnenblumen- oder Maisöl
2 cm Ingwerwurzel oder
½ TL Ingwerpuder
1 dl Brühe
2 EL trockener Weißwein
1 EL helle Sojasoße
1 EL Maizena
1 TL Zucker
1 Krautschalotte oder Frühlingszwiebel
1 EL feingehackte Petersilie
4–6 rote Salatblätter

1. Das Schweinefleisch quer zu den Fleischfasern in ganz dünne Scheiben schneiden. Das Eiweiß mit Salz und Pfeffer verquirlen, die Fleischscheiben darin wenden, mit Mehl bestäuben und 15 Minuten stehenlassen.
2. Die Strohchampignons abtropfen lassen, aber nicht zerschneiden. Die Bohnenkeime waschen und auf einem Sieb abtropfen lassen. Den Kohl waschen, die Blätter lösen, und, wenn nötig, die harten Blattrippen entfernen, dann den Kohl sehr fein schneiden.
3. Die Bambussprossen und die geschabten Möhren in dünne, nicht zu kleine Scheiben schneiden und beiseite stellen.
4. Zwiebel und Knoblauch schälen und fein hacken. Den gewaschenen Porree in Ringe schneiden. Den Wok erhitzen und das Öl über die Wände eingießen. Das Öl erhitzen, bis es etwas zu rauchen anfängt.
5. Zwiebel und Knoblauch eine Minute rühr-braten, dann die Ingwerwurzel, den Porree und das Fleisch hineingeben. Bei großer Hitze eine Minute rühr-braten. Kohl, Bambussprossen und Möhren zufügen und weitere zwei Minuten rühr-braten, dann die Strohchampignons zufügen und nochmals eine Minute braten.
6. Brühe, Wein und Sojasoße dazugeben, vorsichtig rühren und die Bohnenkeime zufügen. Den Deckel schließen und alles 2 bis 3 Minuten dünsten, bis das Gemüse gar, aber noch fest ist.
7. Das Maizena mit 2 Eßlöffel Wasser anrühren und mit dem Zucker in den Kochsaft im Wok rühren. Einige Male vorsichtig umschichten, damit das Gemüse nicht bricht, und den Saft in wenigen Minuten bei mäßiger Hitze binden.
8. Das Gericht in eine vorgewärmte Schüssel geben, mit feinen Ringen von Krautschalotten und gehackter Petersilie bestreuen und mit roten Salatblättern garnieren.

Varianten
Tjap tjoi mit Huhn
Nehmen Sie anstatt Schweinefleisch zur Abwechslung Huhn; die Zubereitung bleibt dieselbe. Nach Belieben können Sie noch kleine Spargel oder Spargelstücke aus dem Glas oder der Dose zufügen.

Tjap tjoi mit Garnelen
Auch eine schmackhafte Abwandlung des Gerichtes. Die geschälten Garnelen höchstens eine halbe Minute mit Zwiebel und Knoblauch mitbraten, sonst werden sie zäh. Nehmen Sie die Garnelen heraus und fügen Sie diese später, wenn die Brühe schon im Wok ist (Punkt 6), wieder dazu. In diesem Gericht schmecken eingeweichte chinesische Champignons ohne Stiele besonders gut; sie werden zugleich mit den Möhren zugefügt. Sie können natürlich auch gewöhnliche Champignons nehmen.

Tip
Von diesem klassischen chinesischen Gemüsegericht sind unglaublich viele Variationen bekannt. In den vier Hauptrichtungen der chinesischen Küche gibt es zahlreiche Rezepte, die zwar eine gewisse Verwandtschaft aufweisen, jedoch auch sehr verschieden sein können. Ursache dafür sind die unterschiedlichen Zutaten, die in den einzelnen Landstrichen vorhanden sind. Was Sie betrifft, können Sie also nach Herzenslust variieren; das macht das Ganze nur spannender und zugleich leichter.

Tjap tjoi vegetarisch
Verwenden Sie lauter verschiedene Gemüse, sowohl harte als auch weiche Sorten. Chinakohl, Paksoi, Amsoi und Paprikaschoten lassen sich gut miteinander sowie mit Möhren, Rettich oder – wenn Sie sie bekommen können – mit chinesischer Wintermelone kombinieren. Letztere sieht aus wie eine Melone und hat festes Fruchtfleisch, das man in Würfel schneiden und mitbraten kann. Geschmacklich läßt sich die chinesische Wintermelone allerdings nicht mit einer Netz- oder Zuckermelone vergleichen.

Tjap tjoi mit Schweinefleisch ist ein bekanntes Gericht aus der chinesischen Restaurant-Küche. Bereiten Sie es selbst einmal zu Hause zu.

Sayur lodé *(Indonesien)*

Gemüse-Eintopf

450 g Weiß- oder Wirsingkohl
5 Karotten (zusammen 150 g)
12 Brechbohnen
1 mittelgroße Zwiebel oder 2 Schalotten
1 Knoblauchzehe
ca. 150 g Tempé (gepreßte Sojabohnen)
1 EL Trasi (Fischextrakt)
1 TL Laospuder
1 Brühwürfel (Hühner- oder Gemüsebrühe)
40 g Santen (vom Block)
2 EL Ketjap asin
1 TL Sambal ulek
1 EL Gula djawa oder brauner Farinzucker
50–75 g Bohnenkeime (Taugé)

1. Den Kohl waschen, eventuell harte Blattmittelrippen entfernen und die Blätter in schmale Streifen schneiden.
2. Die Karotten schaben und in Scheiben schneiden; die abgezogenen Bohnen brechen.
3. Zwiebel und Knoblauch schälen, beide sehr fein hacken. 150 g Tempé in Würfel von 2 cm schneiden.
4. In einem Topf mit dickem Boden 7–8 dl Wasser mit Zwiebel und Knoblauch, zerbröckeltem Trasi, Laos, Kohl, Karotten, Bohnen und Tempé zum Kochen bringen.
5. Brühwürfel und Santen zerkrümeln und mit dem Ketjap, Sambal sowie Gula djawa zufügen. Alles vorsichtig einmal umschichten.
6. Etwa sieben Minuten bei niedriger Hitze dünsten. Die Bohnenkeime waschen und zufügen. Noch eine Minute dünsten. Das Gericht mit gekochtem Reis servieren.

Tip
Fast jeder kennt das beschriebene Gemüsegericht, das sich ziemlich schnell zubereiten läßt und angenehm sättigt. Anstelle von Weiß- oder Wirsingkohl können Sie auch Chinakohl verwenden. Wenn Sie mehr Soße wünschen, fügen Sie einfach etwas mehr Wasser hinzu.

Sayur tumis aus jungen Erbsenschoten *(Indonesien)*

500 g junge Erbsen in der Schote
100 g geschälte Garnelen
1 mittelgroße Zwiebel
1–2 Knoblauchzehen
½ EL geraspelte Ingwerwurzel oder
1 TL Ingwerpuder
3 EL Sonnenblumen- oder Maisöl
1 TL Laospuder
2 EL Weinessig oder Zitronensaft
1 TL Sambal in beliebiger Geschmacksrichtung
1 EL Santen (aus der Dose)
4 dl Gemüse- oder Hühnerbrühe
Salz

1. Die Erbsenschoten abziehen, waschen und abtropfen lassen. Die Garnelen überprüfen, abspülen und abtropfen lassen.
2. Zwiebel und Knoblauch schälen und fein hacken.
3. So viel Ingwerwurzel raspeln, bis ein Eßlöffel halb voll ist.
4. In einem Wok das Öl erhitzen und darin Zwiebel und Knoblauch goldgelb braten. Den Ingwer zufügen.
5. Die Erbsenschoten dazugeben und kurz anbraten. Laospuder, Essig, Sambal und Santen (zerbröckelt) unterrühren.
6. Die Brühe hineingeben und mit Salz abschmecken. Alles langsam zum Kochen bringen und die Hitze zurückschalten, sobald es im Topf anfängt zu sieden.
7. Die Garnelen zufügen und vor dem Servieren alles bei geschlossenem Deckel noch etwa zwei Minuten dünsten.

Tip
Auch dieses Gemüsegericht ist häufig eine Beilage zur indonesischen Reistafel. Aber auch als Gemüse zu gekochtem Reis oder feinem Eiermie (Nudeln) ist Sayur tumis aus Schotenerbsen sehr schmackhaft.

Brokkoli mit Bambussprossen und Strohchampignons *(China)*

Siehe Foto auf Seite 44 und 45

ca. 700 g Brokkoli
75 g geschälte Garnelen
100 g Bambussprossen (aus der Dose)
ca. 150 g Strohchampignons (aus der Dose)
4 Krautschalotten oder Frühlingszwiebeln
2 Knoblauchzehen
1 TL geraspelte Ingwerwurzel oder
½ TL Ingwerpuder
5 EL Mais- oder Sonnenblumenöl
Salz
1 TL Zucker
1 dl Gemüse- oder Hühnerbrühe
2 EL trockener Weißwein oder Sherry

Für die Soße:
1 EL Kartoffelmehl oder Maizena
1 EL helle Sojasoße
1 EL dunkle Sojasoße
1 EL Hoisinsoße
1 TL Zucker

1. Den Brokkoli waschen, die Röschen abschneiden; die Stengel der Länge nach durch- und dann in dünne Scheiben schneiden.
2. Die Garnelen überprüfen, unter kaltem Wasser abspülen und in einem Sieb abtropfen lassen.
3. Die Bambussprossen abtropfen lassen und in Scheiben schneiden. Die Strohchampignons abtropfen lassen, das Dosenwasser zum späteren Gebrauch aufbewahren. Krautschalotten und Knoblauch säubern und hacken. Die gewünschte Menge von der geschälten Ingwerwurzel abraspeln.
4. Einen Wok 15 Sekunden erhitzen, dann das Öl über die Wände eingießen und in diesem heißen Öl Schalotten und Knoblauch eine Minute braten. Ingwer zufügen und ½ Minute mitbraten.
5. Die Stengelscheiben vom Brokkoli 1,5 Minuten rühr-braten, dann die Röschen zwei Minuten. Die Bambussprossen zufügen und wieder zwei Minuten rühr-braten.
6. Salz, Zucker, Brühe und Wein nach Geschmack hinzufügen und alles etwa zwei Minuten bei mäßiger Hitze erwärmen. Die Garnelen und die Strohchampignons sowie ½ dl des aufbewahrten Dosenwassers untermischen.
7. Für die Soße: Das Kartoffelmehl oder Maizena mit 2 Eßlöffel Wasser anrühren, die Sojasoßen, die Hoisinsoße und den Zucker einrühren. Alles in den Wok geben, einmal umschichten und mit geschlossenem Deckel noch etwa fünf Minuten bei niedriger Hitze dünsten.
8. Das Gericht in eine vorgewärmte Schüssel geben und mit gekochtem Reis oder Eiermie (Nudeln) servieren.

Variante
Anstelle von Strohchampignons, die Sie in Dosen in jedem asiatischen Geschäft kaufen können, lassen sich in diesem Gericht auch gewöhnliche Champignons verwenden. Nach gründlichem Säubern und Abtrocknen schneiden Sie die Champignons in dünne Scheiben und fügen diese zugleich mit den Bambussprossen zu (Punkt 5). Versuchen Sie es auch einmal mit den schwarzen Baumpilzen; sie werden Baumohren genannt (englisch wood ears). Es gibt sie in getrocknetem Zustand in asiatischen Lebensmittelläden zu kaufen. Etwa sechs Stück sind genug, denn sie werden beim Einweichen drei- bis viermal größer.

Auf den nächsten Seiten sehen Sie Brokkoli mit Bambussprossen und Strohchampignons. In diesem Gericht wurden auch Garnelen verarbeitet.

Paksoi mit chinesischen Champignons und Garnelen *(China)*

8 getrocknete, mittelgroße chinesische Champignons
100–150 g Möhre
ca. 750 g Paksoi
100 g Bambussprossen (aus der Dose)
ca. 150 g geschälte, große chinesische Garnelen
3 Krautschalotten oder Frühlingszwiebeln
2 Knoblauchzehen
ca. 5 EL Sonnenblumen- oder Sojaöl
1 TL feingehackte Ingwerwurzel oder
½ TL Ingwerpuder
Salz, Zucker
frisch gemahlener Pfeffer
½ dl Gemüse- oder Hühnerbrühe
2 EL trockener Weißwein oder Sherry
Medium Dry
1 EL Austernsoße
1 EL dunkle Sojasoße
1 EL Maizena

1. Die Champignons ca. 30 Minuten in einer Schüssel mit so viel warmem Wasser einweichen, daß die Pilze gerade bedeckt sind. Danach die Stiele entfernen und eventuell die großen Hüte einmal durchschneiden. Das Einweichwasser aufheben.
2. Die Möhre schaben und der Länge nach durchschneiden, dann die Stücke in Scheiben schneiden.
3. Das Paksoi-Gemüse in reichlich Wasser waschen, harte und unschöne Stücke entfernen, große Blätter grob zerkleinern.
4. Die Bambussprossen abtropfen lassen und in dünne Scheiben schneiden. Die Garnelen überprüfen, in einem Sieb unter kaltem Wasser abspülen und abtropfen lassen.
5. Schalotten und Knoblauch schälen. Das Weiße und das Grüne der Schalotten gesondert fein schneiden, den Knoblauch hacken.
6. Den Wok erst 15 Sekunden lang trocken erhitzen, dann das Öl über die Ränder eingießen und in dem heißen Öl das Weiße der Schalotten, den Knoblauch und den feingehackten Ingwer goldgelb braten.
7. Das Paksoi-Gemüse mit den Bambussprossen zufügen und unter ständigem Umschichten zwei Minuten bei großer Hitze braten.
8. Die Champignons mit ½ dl Einweichwasser und die Garnelen zufügen und wieder eine Minute rühr-braten.
9. Salz, Pfeffer, Zucker, Brühe, Wein, Austernsoße und Sojasoße hinzugeben, kurz umrühren und den Deckel schließen. Bei niedriger Hitze alles ca. drei Minuten dünsten.
10. Für die Soße: Maizena mit 2 Eßlöffel Wasser anrühren und in der letzten Minute unter das Gemüse rühren, bis der Kochsaft leicht gebunden ist.
11. Das Gericht in eine vorgewärmte Schüssel geben, mit dem Grün der Schalotten bestreuen und servieren.

Wenn alle Zutaten schön zerkleinert sind, werden sie in der vorgeschriebenen Reihenfolge unter ständigem Umrühren gebraten.
Zunächst den Wok zehn Sekunden trocken bei großer Flamme erhitzen, danach gießt der Koch das Öl von oben über die Wokränder ein und nach 10 bis 15 Sekunden brät er unter ständigem Umschichten Zwiebel, Knoblauch und Ingwer. Nun erst folgen die übrigen Produkte je nach ihrer Konsistenz.

Paksoi mit chinesischen Champignons und Garnelen. Das Gemüse wird mit der Rühr-Brat-Methode zubereitet, dadurch bleibt es frisch und knackig.

Gado gado mit Erdnußsoße, ein gesundes und schmackhaftes Gemüsegericht.

Gado gado mit Erdnußsoße *(Indonesien)*

100 g Bohnenkeime (Taugé)
125 g frische Brechbohnen
125 g Weiß- oder Wirsingkohl
3–4 mittelgroße Kartoffeln
4 Eier
1 kleine grüne Gurke
1–2 EL Asem (aus dem Glas)
100 g Tahu/Tofu
100 g Tempé (gepreßte Sojabohnen)
2 mittelgroße Zwiebeln
3 Knoblauchzehen
ca. 5 EL Sonnenblumen- oder Sojaöl
2–3 EL Gula djawa oder brauner Farinzucker
1 EL Sambal trasi oder badjak
¼ Block Santen (Kokosfett im Päckchen)
Erdnußpaste

1. Die Bohnenkeime waschen, gut abtropfen lassen, nach Belieben die grünen Hütchen entfernen. Die gewaschenen Brechbohnen in 3 cm lange Stücke brechen, die Kohlblätter in Streifen von 1 cm Breite und 5 cm Länge schneiden. Bohnenkeime eine Minute, Bohnen und Kohl drei Minuten blanchieren. Das Gemüse abgießen, abtropfen lassen und gesondert beiseite stellen.
2. Die sorgfältig abgebürsteten Kartoffeln als Pellkartoffeln kochen, während der letzten zehn Minuten die Eier im selben Wasser mitkochen. Abgießen, die Kartoffeln pellen, wenn sie etwas abgekühlt sind, die Eier abschrecken, die Schalen entfernen. Kartoffeln und Eier in Scheiben schneiden und getrennt beiseite stellen.
3. Die gewaschene Gurke mit Schale in dünne Scheiben schneiden. Das geschnittene Gemüse auf einem großen Teller bereithalten.
4. Asem aus dem Glas in eine Schüssel geben und mit einigen Eßlöffel Wasser verrühren.
5. Tofu und Tempé in Würfel schneiden und in die Asemflüssigkeit geben,

2–3 EL Zitronensaft oder Weinessig
3 EL Ketjap manis oder asin
1 Kopfsalat
etwas Krupuk
2–3 EL geröstete Zwiebelstückchen (evtl.
aus der Tüte)
2 EL feingehacktes Sellerieblatt

15 Minuten durchziehen lassen, die Würfel herausnehmen und mit Küchenpapier trocken tupfen. Die Asemflüssigkeit aufheben.
6. Zwiebeln und Knoblauch schälen und fein hacken. Das Öl in einem Wok erhitzen und die Hälfte der gehackten Zwiebeln mit Knoblauch hierin goldgelb braten, die Tofu- und Tempé-Würfel zufügen und hellbraun braten, dann alles aus dem Topf nehmen und beiseite stellen.
7. Die restlichen Zwiebeln mit Knoblauch zusammen mit Gula djawa und Sambal zu einem gleichmäßigen Brei verrühren und eine Minute anbraten.
8. Ca. 3 dl Wasser mit dem Block Santen und dem Zwiebel-Knoblauch-Gemisch zum Kochen bringen. Die Asemflüssigkeit dazugießen.
9. So viel Erdnußpaste einrühren, daß eine glatte, mäßig dickliche Soße entsteht. Zitronensaft oder Weinessig und Ketjap zufügen und alles unter ständigem Rühren erwärmen, damit die Soße nicht anbrennt.
10. Den Rand einer großen, flachen Schale mit gewaschenen und trocken getupften Salatblättern auslegen, Bohnenkeime, Brechbohnen und Kohl in kleinen Häufchen darauflegen. Die Kartoffel- und Eierscheiben sowie die Würfel von Tofu und Tempé dazwischenlegen.
11. Einen Teil der Soße darübergießen, etwas Krupuk zerkrümeln und daraufstreuen, mit den Gurkenscheiben garnieren, mit gerösteten Zwiebeln und Selleriegrün bestreuen. Den Rest der Soße getrennt servieren.

Tip
Krupuk und geröstete Zwiebeln können Sie in einem asiatischen Geschäft fertig kaufen. Zu Gado gado servieren Sie gekochten Reis. Eine feine Beilage ist Lontong (gepreßte gekochte Reisstäbe, fertig erhältlich).

Semur terong (Indonesien)

Gebratene, würzige Aubergine

300 g Aubergine
2 TL Salz
2 mittelgroße Zwiebeln
2 Knoblauchzehen
1 Fleischtomate oder 2 Tomaten
½ grüne Gurke
4–5 EL Sonnenblumen- oder Sojaöl
1,5 TL Sambal djeruk oder ulek
1,5 TL Gula djawa (zerkrümelt) oder brauner Farinzucker
1–2 EL Ketjap asin
2 EL Hühnerbrühe
2 EL Zitronensaft oder Weinessig

1. Die Aubergine waschen, nicht schälen, sondern nur in ca. 1,5 cm dicke Scheiben schneiden. Salz daraufstreuen und ziehen lassen.
2. Zwiebeln und Knoblauch schälen und hacken. Tomate 10 Sekunden in kochendes Wasser tauchen, enthäuten, entkernen, fein hacken.
3. Die gewaschene, ungeschälte Gurke in Würfel von 1 cm schneiden. Nach Geschmack auch mit Salz bestreuen.
4. Das Öl im Wok oder in einer Bratpfanne erhitzen. Zwiebeln und Knoblauch darin goldgelb braten. Die Auberginenscheiben zufügen, eventuell in Portionen, und auf beiden Seiten kurz anbraten. Die Auberginenscheiben aus dem Wok nehmen und warm halten.
5. Dem übriggebliebenen Öl Sambal, Gula djawa, Ketjap, Brühe, Zitronensaft sowie Gurke zufügen und alles zehn Minuten rühr-braten.
6. Die Hitze zurückschalten und die Masse noch zwei Minuten schmoren lassen, bis die Flüssigkeit etwas eingekocht ist.
7. Die Auberginenscheiben sorgfältig unter die Soße heben. Alles noch eine Minute erwärmen. Das Gericht mit gekochtem Reis oder als Beilage einer indonesischen Reistafel servieren.

Fu yong hai mit Schweinefleisch *(China)*

7–8 Eier (Gew. Kl. 2)
1 EL Milch
1 EL helle Sojasoße
Salz, Pfeffer
150–175 g mageres Schweinefleisch
30–40 g Bohnenkeime
6–8 mittelgroße Champignons oder
ca. 16 Strohchampignons (aus der Dose)
½ rote Paprikaschote
75 g Bambussprossen (aus der Dose)
2 Krautschalotten oder Frühlingszwiebeln
1 Knoblauchzehe
4 EL Sonnenblumen- oder Maisöl
1 TL geraspelte Ingwerwurzel
2 EL feine Erbsen (tiefgekühlt)
1 El feingehackte krause Petersilie
2 Tomaten, einige Salat- oder Kohlblätter

Variante
Sie können dieses Gericht mit den obengenann-
ten Zutaten zubereiten, aber das Schweinefleisch
auch durch Hühner- oder Rindfleisch von guter
Qualität ersetzen. Wenn Sie dieses Fleisch in sehr
dünne Scheiben schneiden, benötigt es beim
Rühr-Braten dieselbe Garzeit.
Wenn Sie ein ganz besonderes Gericht zubereiten
möchten, dann nehmen Sie Crabmeat (aus der
Dose) oder Scampi oder vier große chinesische
Garnelen. Braten Sie in diesem Fall acht kleine
Maiskolben (aus der Dose) und 6 bis 8 dünne
Spargel, in etwa 5 cm lange Stücke geschnitten,
zusammen mit dem Gemüse. Anstelle der gewöhnlichen Champignons nehmen Sie dann eingeweichte chinesische Champignons oder Baumohren, die schwarzen chinesischen Pilze. Auch
Strohchampignons (aus der Dose) haben einen
unvergleichlich feinen Geschmack und passen besonders gut zu Crabmeat.

1. Die Eier mit Milch, Sojasoße, Salz und nach Geschmack mit frisch
gemahlenem Pfeffer verquirlen.
2. Das Schweinefleisch quer zur Fleischfaser in sehr dünne Scheiben
schneiden.
3. Die Bohnenkeime waschen und im Sieb abtropfen lassen. Die Champignons säubern und in Scheiben schneiden oder die Strohchampignons
abtropfen lassen.
4. Die Paprikaschote durchschneiden, die Samen entfernen und das
Fruchtfleisch in Streifen oder Vierecke schneiden.
5. Die Bambussprossen in Stücke von ½ cm Breite und 5 cm Länge
schneiden. Schalotten und Knoblauch schälen und hacken.
6. Den Wok 15 Sekunden trocken erhitzen, das Öl über die Wände
eingießen und die Schalotten mit Knoblauch schnell goldgelb braten, nicht
braun werden lassen. Den Ingwer zufügen. Dann das Fleisch etwa drei
Minuten rühr-braten.
7. Paprika, Champignons, Erbsen und Bambussprossen zufügen und
alles zwei Minuten rühr-braten.
8. Die Bohnenkeime beigeben und 1 bis 2 Minuten rühr-braten. Die Hälfte
der Gemüsemasse aus dem Wok heben und beiseite stellen.
9. Die Hälfte der verquirlten Eier in den Wok gießen und alles einige Male
umschichten. Das Omelett dann bei niedriger Hitze fest werden lassen.
Nochmals umrühren und die Unterseite kurz bräunen. Das Omelett auf
eine vorgewärmte Platte gleiten lassen. Die zweite Portion Ei mit Gemüse
auf dieselbe Weise zubereiten. Zum Schluß alles mit feingehackter krauser
Petersilie bestreuen, mit Tomatenachteln und Salat- oder Kohlblättern
garnieren.
10. Mit chinesischer Tomatensoße (siehe Seite 34) und einer Schüssel
gekochtem Reis servieren.

Tip
Wenn Sie ein echtes Omelett auf Ihrem Teller vorziehen, in dem die
einzelnen Zutaten kaum erkennbar sind, dann rühren Sie die Eiermasse
am besten nur einmal um, lassen die Masse fest werden und braten die
andere Seite auch kurz an. Auf dem Foto Seite 51 können Sie jedoch
genau erkennen, was alles an Zutaten im Fu yong hai verarbeitet wurde.

Fu yong hai mit Schweinefleisch, zusammen mit chinesischer Tomatensoße serviert.

Sambal goreng telur *(Indonesien)*

Sambal-Eier

4–6 Eier
2–3 Knoblauchzehen
1 mittelgroße Zwiebel
1 rote spanische Pfefferschote
1 grüne spanische Pfefferschote
3 EL Sonnenblumen- oder Maisöl
1 TL Trasi (Fischextrakt)
½ El Laospuder oder 2 Scheiben Laos (Galanga-
wurzel)
1 Blättchen Salam
Salz
1 TL Zucker
3 dl dicke Kokosmilch (aus der Dose)
1 dl Brühe oder Wasser

1. Die Eier hart kochen, abschrecken, schälen, dann einmal durchschneiden und auf einen Teller legen. Knoblauch und Zwiebel schälen und fein hacken. Die Pfefferschoten waschen, der Länge nach aufschneiden und die Samen entfernen, dann das Fruchtfleisch sehr fein schneiden.
2. Das Öl in einem Wok erhitzen, darin Zwiebel, Knoblauch, Pfefferschoten und Trasi kurz anbraten, bis die Zwiebel goldgelb ist.
3. Laos, das Salam-Blättchen, Salz sowie Zucker zufügen und die Kokosmilch mit der Brühe einrühren.
4. Alles langsam unter ständigem Rühren zum Kochen bringen, die Wärmequelle auf niedrige Hitze schalten und alles noch 2 bis 3 Minuten ziehen lassen.
5. Das Salam-Blättchen entfernen und die Soße über die Eier gießen. Mit körnig gekochtem Reis oder nicht zu weich gekochtem Mie (dünnen chinesischen Nudeln) servieren. Die Sambal-Eier können auch eine Beilage der Reistafel sein.

Tip
Anstelle der spanischen Pfefferschoten können Sie auch 1 bis 2 Teelöffel Sambal verwenden. Wenn Sie schon Trasi im Gericht verarbeitet haben, nehmen Sie jetzt am besten Sambal badjak, djeruk oder ulek.

Eine sehr schmackhafte Beilage zur Reistafel: Sambal goreng telur.

Sambal goreng tahu *(Indonesien)*

250 g Tahu/Tofu
1 EL Asem (aus dem Glas)
frisch gemahlener schwarzer Pfeffer, Salz
1 große Zwiebel oder 4 Schalotten
3 Knoblauchzehen
2 rote und 2 grüne spanische Pfefferschoten
2 Petébohnen, 2 Blättchen Salam
2 Scheiben Laos oder 1 TL Laospuder
1 TL Trasi
6–7 EL Sonnenblumen- oder Sojaöl
2 EL Ketjap manis, 1 EL Ingwersirup
2–3 dl dicke Kokosmilch (aus der Dose)

Sambal goreng tahu eignet sich auch sehr gut für eine vegetarische Reistafel.

1. Den Tofu-Block in Würfel von 2 cm schneiden.
2. Den Eßlöffel Asem mit 2 bis 3 Eßlöffel Wasser verrühren und die Tofu-Würfel hineingeben. Vorsichtig umschichten. Pfeffern und salzen.
3. Zwiebel und Knoblauch schälen und grob hacken.
4. Die gewaschenen Pfefferschoten der Länge nach durchschneiden, die Samen entfernen und das Fruchtfleisch zerkleinern.
5. Zwiebel, Knoblauch, Pfefferschoten, Petébohnen, Salam, Laos und Trasi (zerkrümelt) in einen Mörser geben und alles zu einem glatten Brei zerstoßen. Oder einfacher: Alles in einen Mixer oder eine Küchenmaschine geben und darin zu Püree verarbeiten.
6. In einem Wok oder einer Bratpfanne mit dickem Boden das Öl erhitzen und die Tofu-Würfel darin von allen Seiten goldgelb und knusprig braten. Die Würfel herausnehmen und auf einem mit Küchenpapier ausgelegten Durchschlag abtropfen lassen.
7. Nun in demselben Öl das Gewürzgemisch kurz anbraten, Ketjap, Ingwersirup sowie Kokosmilch unterrühren und die Tofu-Würfel wieder in den Topf geben. Umrühren, einige Minuten bei mäßiger Hitze erwärmen.
8. Sambal goreng tahu mit körnig gekochtem weißen Reis oder als Beilage zur indonesischen Reistafel servieren.

Tip

Auch hier können Sie die spanischen Pfefferschoten durch eine Sambal-Sorte nach Ihrem Geschmack ersetzen. Und wer kein Glas Asem im Hause hat, nehme Zitronensaft oder Essig.
Kokosmilch ist in verschiedenen Ausführungen erhältlich: In Dosen gibt es sowohl eine ziemlich flüssige Form als auch eine verhältnismäßig dicke Kokosmilch. Daneben gibt es Santen in Blockform (gepreßt) in einem Päckchen, eine Art Kokosfett, das Sie abschaben und zerhacken, bevor Sie es dem Gericht in einer späteren Zubereitungsphase zufügen können. Beide Formen sind in jedem asiatischen Geschäft erhältlich, manchmal sogar in großen Supermärkten.

Tahu/Tofu mit Tempé, fritiert *(Indonesien)*

125 g Tahu/Tofu
125 g Tempé (gepreßte Sojabohnen)
2 dünne Stangen Porree
1 Zwiebel
2–3 Knoblauchzehen

1. Tofu und Tempé erst in Scheiben, dann in Würfel von 1,5–2 cm schneiden.
2. Die Porreestangen säubern und sehr fein hacken. Zwiebel und Knoblauch schälen und ebenfalls sehr fein hacken. So viel von der geschälten Ingwerwurzel abraspeln, bis ungefähr ein Eßlöffel voll ist.

1 EL geraspelte Ingwerwurzel oder
1,5 TL Ingwerpuder
7–8 EL Mais- oder Sonnenblumenöl
2 El roter Weinessig
1 EL Sojabohnenpaste (aus der Dose)
1 EL helle Sojasoße
½ EL dunkle Sojasoße
1 dl Hühnerbrühe
Salz
½ TL Pfeffer
2–3 TL Kartoffelmehl oder Maizena
50 g Bohnenkeime

3. Einen Wok erst 15 Sekunden trocken erhitzen, dann das Öl über die Ränder eingießen. Hierin Porree, Zwiebel und Knoblauch ca. eine Minute rühr-braten, den Ingwer zufügen und nochmals eine Minute braten.
4. Die Tofu- und Tempéwürfel hineingeben und 2 Minuten rühr-braten. Alles aus dem Topf schöpfen und auf einem Teller warm halten.
5. Weinessig, Sojabohnenpaste, beide Sojasoßen und die Brühe in den Wok geben, gut durchrühren und bei mäßiger Hitze erwärmen.
6. Mit Salz und Pfeffer abschmecken. Das Kartoffelmehl mit 2 Eßlöffel Wasser anrühren, zufügen und rühren, bis die Soße leicht gebunden ist.
7. Das Tofu-Tempé-Gemisch wieder in den Wok geben und die gewaschenen Bohnenkeime zufügen. Den Deckel schließen. Das Gericht noch zwei Minuten auf niedriger Hitze dünsten, dann in einer vorgewärmten Schüssel servieren.

Tip
Dieses Gericht eignet sich besonders gut für Vegetarier. Tofu und Tempé liefern vollwertiges Eiweiß, das unser Körper notwendig braucht. Das beschriebene Gericht kann sowohl mit gekochtem Reis als auch mit Eiermie serviert werden; es schmeckt ausgezeichnet und ist leicht verdaulich.

Bakso (China)

Tahu/Tofu mit einer Füllung aus Hackfleisch und Garnelen

500 g Tahu/Tofu, 1 TL Salz
125 g Schweinefleisch
125 g geschälte Garnelen
2 dünne Stangen Porree
2 mittelgroße Zwiebeln
4 Knoblauchzehen, 1 großes Ei
1 EL helle Sojasoße
1 EL dunkle Sojasoße
1 EL Hoisinsoße
1 EL Garnelensoße (Nuoc Mam, Flasche)
Pfeffer, Salz

Tip
Essen Sie diese Häppchen warm oder kalt mit einer scharfen Soße. Verschiedene Sorten Chilisoße bekommen Sie fertig zu kaufen. Zu diesem Tofugericht, das Sie auch als Zwischen- oder warme Abendmahlzeit servieren können, passen ebenfalls Currysoße, chinesische Tomatensoße oder Ingwersoße.

1. Den Tofublock erst in ca. 6 cm dicke Scheiben schneiden, dann jede Scheibe halbieren und diese Stücke in der Mitte aushöhlen. Wasser in eine Schüssel gießen, das Salz beigeben und alle Stücke unter Wasser legen. Die beim Aushöhlen entstandenen Tofukrümel aufheben.
2. Das Schweinefleisch zerkleinern und in einen Mixer oder eine Küchenmaschine geben. Die kurz abgespülten Garnelen und die Tofukrümel dazugeben und dieses Gemisch zu Püree mixen.
3. Die Porreestangen waschen, unbrauchbare Teile entfernen und den Porree fein hacken. Zwiebel und Knoblauch schälen und ebenfalls fein hacken.
4. Porree, Zwiebel und Knoblauch zum Fleischgemisch in die Küchenmaschine geben und vermengen (oder erst gesondert zu Püree mixen und dann mit dem Fleischgemisch vermengen).
5. Das Ei verquirlen und zufügen, ebenfalls die Sojasoßen, die Hoisinsoße und die Garnelensoße beigeben; die Masse mit Pfeffer und Salz abschmecken. Die ausgehöhlten Tofustücke mit dieser Masse füllen. Die Füllung fest andrücken, damit sie während der Dämpfzeit nicht auseinanderfällt.
6. Die gefüllten Tofustücke im Dämpfer in 45 Minuten bei mäßiger Hitze garen.

Dadar isi

Indonesisches Omelett

4 große Eier
100 g geschälte Garnelen
2 Schalotten
1 Knoblauchzehe
1 dünne Stange Porree
1 rote oder grüne Pfefferschote
1 EL Ketjap asin
½ TL Trasi
½ TL Kentjurpuder
1 TL Santen (Kokosfett, vom Block geraspelt)
Salz
½ TL Pfeffer
3 EL Sonnenblumen- oder Sojaöl

1. Die Eier mit 2 Eßlöffel kaltem Wasser verquirlen. Die Garnelen überprüfen, abspülen und nach dem Abtropfen zu den verquirlten Eiern geben.
2. Schalotten und Knoblauch schälen und fein hacken. Den gesäuberten Porree in feine Ringe schneiden.
3. Die Samen aus der Pfefferschote entfernen und die Schote in hauchdünne Scheiben schneiden.
4. Schalotten, Knoblauch, Porree und Pfefferschote in eine Schüssel geben und mit 2 Eßlöffel Wasser, Ketjap, Trasi (zerkrümelt), Kentjur und Santen zu Brei verrühren. Pfeffer und Salz zufügen.
5. Diese Masse zum Eiergemisch geben und das Ganze mit dem Schneebesen kräftig schlagen.
6. In heißem Öl in einer Bratpfanne mit dickem Boden die Hälfte der Eimasse zu einem goldgelben Omelett braten; auch die andere Seite kurz anbraten, doch nicht bräunen. Das zweite Omelett ebenso zubereiten.
7. Beide Omeletts aufrollen und die Rollen in nicht zu schmale Streifen schneiden (ca. 2 cm breit).

Tip
Schmeckt sehr gut zu gekochtem Reis mit einem Gemüsegericht wie Sayur lodé oder Sambal goreng aus jungen Erbsenschoten (siehe Seite 42, 67 Variante). Darüber hinaus paßt das Gericht gut als Beilage zu Nasi goreng (siehe Seite 88) anstelle einer Saté.

Chinesische Rühreier

6 mittelgroße Eier
½ TL Salz
1 Tl frisch gemahlener Pfeffer
2 TL Sesamöl
2 TL helle Sojasoße
½ TL dunkle Sojasoße
3 EL Sonnenblumen- oder Maisöl
2 EL feingehackter (chinesischer) Schnittlauch

1. Die Eier in einer Schüssel mit Salz und Pfeffer, dem Sesamöl sowie der hellen und der dunklen Sojasoße verquirlen.
2. Einen Wok 15 Sekunden trocken erhitzen, das Öl über die Ränder eingießen und erhitzen, bis das Öl anfängt zu rauchen.
3. Den Schnittlauch waschen und in Stücke von 2–3 cm schneiden. Den Schnittlauch zum heißen Öl geben und 15 Sekunden rühr-braten.
4. Die ganze Eiermasse zugleich in den Wok gießen und mit einem Spezialspachtel ständig vom Boden her umrühren, so daß der Schnittlauch in die Eiermasse aufgenommen wird.
5. Bei mäßiger Hitze weiter umschichten, bis die Masse fest geworden ist. Die Rührcier auf eine vorgewärmte Schale geben.

Tip
Dieses Gericht aus der schnellen Küche schmeckt ausgezeichnet zu gekochtem Reis oder als Lunch zu frisch geröstetem Brot. Chinesischer Schnittlauch ist in manchen Spezialgeschäften erhältlich. Er ist etwas aromatischer als der hiesige und etwas gröber in der Struktur. Wer ihn nicht bekommt, nimmt gewöhnlichen Schnittlauch.

Tumis telur

Indonesische pochierte Eier

4 Eier
½ l Hühnerbrühe
1 mittelgroße Zwiebel
1 Knoblauchzehe
2 EL Sonnenblumen- oder Maisöl
Salz
Pfeffer
2 EL Ketjap asin
1 EL feingehackte Petersilie oder Schnittlauch

<u>Tip</u>
Dieses Gericht können Sie auch schon einen Tag
vorher zubereiten und vor dem Essen schnell aufwärmen. Es schmeckt gut zu einem Rest von
gekochtem Reis oder Mie mit Gado gado (siehe
Seite 48).

1. Für dieses Rezept sollen die Eier Zimmertemperatur haben; nehmen Sie
die Eier also rechtzeitig aus dem Kühlschrank.
2. Die Brühe (am liebsten eine selbstgemachte) in einem großen Topf
langsam zum Kochen bringen.
3. Zwiebel und Knoblauch schälen. Die Zwiebel halbieren und jede Hälfte
in dünne Ringe schneiden. Den Knoblauch über den Zwiebelringen auspressen.
4. In einer Bratpfanne das Öl erhitzen und hierin die Zwiebel mit dem
Knoblauch goldgelb braten.
5. Einige Eßlöffel der warmen Brühe über die Zwiebelringe gießen, umrühren und alles zur Brühe geben. Mit Salz, Pfeffer und Ketjap abschmecken.
6. Nun vorsichtig so dicht wie möglich über der Oberfläche ein Ei aufschlagen und in die siedende Brühe gleiten lassen. Sofort mit einem Löffel das
Eiweiß um und über den Eidotter dirigieren, so daß der Eidotter damit
bedeckt wird.
7. Die übrigen Eier auf dieselbe Weise in die Brühe geben und in etwa vier
Minuten fest werden lassen. Mit dem Schaumlöffel die Eier aus der Brühe
nehmen und in eine vorgewärmte Schüssel legen.
8. Vor dem Servieren noch etwas heiße Brühe darübergießen und die Eier
mit der gehackten Petersilie oder dem Schnittlauch bestreuen.

Gulai telur

Indonesische gewürzte Eier

4 Eier
40–50 g Santen (siehe „Tip" Seite 53)
4 dl Hühnerbrühe
1 große Zwiebel
2 Knoblauchzehen
1 TL Sambal djeruk oder ulek
1 TL Kurkuma
1 TL Laospuder
1 EL feingehackte Ingwerwurzel oder
1 TL Ingwerpuder
½ EL Asem (aus dem Glas)
etwas Seré (Zitronengras)

1. Die Eier nicht zu hart (ca. vier Minuten) kochen, dann abschrecken und
schälen; beiseite stellen.
2. Das Stück Santen zerbröckeln und in die Brühe geben. Die Brühe zum
Kochen bringen, ab und zu umrühren.
3. Zwiebel und Knoblauch schälen und klein schneiden. Zusammen mit
Sambal, Kurkuma, Laos und Ingwer in einen Mörser geben.
4. Den halben Eßlöffel Asem mit 2 Eßlöffel Wasser (oder etwas mehr)
verrühren und zusammen mit Seré auch in den Mörser füllen.
5. Alles im Mörser zerstoßen, bis ein glatter Brei entsteht, und diesen unter
ständigem Rühren in die heiße Brühe geben.
6. Die geschälten Eier in die Brühe gleiten lassen und noch 2 bis 3 Minuten
auf niedrigem Feuer ziehen lassen.
7. Die Eier mit der Brühe in einer vorgewärmten Schüssel servieren.

<u>Tip</u>
Das Eiergericht schmeckt zu gekochtem oder aufgebratenem Reis oder
Mie (Nudeln). Wenn Sie acht Eier nehmen und die Menge der Brühe und
Gewürze verdoppeln, dann haben Sie am nächsten Tag ein würziges
Gericht fix und fertig, das Sie nur noch aufzuwärmen brauchen.

Ku lu ha *(China)*

Fritierte Garnelen in Teig

Siehe Foto auf Seite 58/59

500–600 g große chinesische Garnelen
Sonnenblumenöl zum Fritieren

Für die Marinade:
1 EL helle Sojasoße
1 EL dunkle Sojasoße
1 EL Austernsoße
4 EL trockener Weißwein oder Sherry Medium Dry
1 Eiweiß
½ TL frisch gemahlener schwarzer Pfeffer
½ EL geraspelte Ingwerwurzel oder
1 TL Ingwerpuder

Für den Teig:
5 EL Mehl
1 großes Ei
½ TL Salz
½ TL Pfeffer

Garnitur:
einige Salatblätter
3–4 Krautschalotten oder Frühlingszwiebeln
1 Zitrone
½ rote Paprikaschote
½ grüne Paprikaschote

1. Die große Rückenader der Garnelen entfernen. Die Garnelen kurz unter kaltem Wasser abspülen und abtropfen lassen.
2. Für die Marinade: Die beiden Sojasoßen in einer Schüssel gut vermischen und unter ständigem Rühren die Austernsoße, den Wein, das verquirlte Eiweiß, den Pfeffer und den Ingwer zufügen.
3. Die Garnelen in die Marinade einlegen und 30 Minuten marinieren, dann herausnehmen und mit Küchenpapier abtupfen.
4. Für den Teig: Das Mehl in eine Schüssel geben, das Ei mit 3–4 Eßlöffel Wasser sowie Salz und Pfeffer verquirlen und in kleinen Mengen zum Mehl geben. Rühren, bis der Teig glatt ist und wie ein Band vom Holzlöffel läuft.
5. Einen Wok 15 Sekunden trocken erhitzen, dann das Öl über die Ränder eingießen. Die Garnelen einzeln in den Teig tauchen und portionsweise etwa zwei Minuten goldbraun und gar fritieren.
6. Die Garnelen mit dem Schaumlöffel aus dem Wok heben und auf einer mit Küchenpapier ausgelegten Platte abtropfen lassen.
7. Eine vorgewärmte Schale mit schönen Salatblättern auslegen, die Garnelen daraufgeben und mit zierlich geschnittenen Schalotten, Zitronenscheiben und Paprikaschoten garnieren. Ku lu ha servieren Sie mit chinesischer Tomatensoße oder Ingwersoße (siehe Seite 34, 37).

Tip
Geben Sie gekochten Reis dazu und ein feines Gemüsegericht wie Brokkoli mit Bambussprossen und Strohchampignons oder Tjap tjoi mit Schweinefleisch (siehe Seite 40).

Das Foto auf den beiden folgenden Seiten zeigt fritierte
Garnelen in Teig (Ku lu ha).
Die Garnelen werden erst mariniert, anschließend in den
Teig getaucht und fritiert.

Gedämpfte Forelle mit chinesischen Champignons *(China)*

6 mittelgroße, getrocknete chinesische Champignons
2 kochfertige Forellen von je ca. 375 g
6 dünne Scheiben geschälte Ingwerwurzel
2–3 EL gelbe Bohnenpaste (aus der Dose)
2 EL Fischsoße (Nuoc Mam, aus der Flasche)
1 EL Hoisinsoße
1 EL helle Sojasoße
2 TL Honig
1 EL Weißwein
Salz
Pfeffer
4 Knoblauchzehen
4 Krautschalotten oder Frühlingszwiebeln
3 EL Mais- oder Sonnenblumenöl

1. Die Champignons 30 bis 45 Minuten in so viel warmem Wasser einweichen, daß sie gerade bedeckt sind. Dann die Stiele entfernen und das Einweichwasser aufbewahren.
2. Die Fische innen und außen unter kaltem Wasser abspülen und mit Küchenpapier trocken tupfen, dann an der Außenseite aufschneiden.
3. In jede Bauchöffnung drei Scheiben Ingwer legen.
4. In einer Schüssel die Bohnenpaste mit der Fischsoße, der Hoisinsoße, der Sojasoße, dem Honig und dem Wein verrühren. Mit Salz und Pfeffer abschmecken.
5. Die Knoblauchzehen schälen und auspressen. Den Saft unter die Soße rühren. Die Fische damit innen und außen einreiben und in einen Dämpfer legen.
6. Die Fische mit den Champignons darauf in etwa sieben Minuten gar dämpfen, jedoch nicht zu weich, damit sie nicht auseinanderfallen.
7. Inzwischen die Krautschalotten säubern und sehr fein hacken.
8. In einer kleinen Pfanne das Öl erhitzen, bis es anfängt zu rauchen. Darin die Schalotten höchstens ½ Minute braten.
9. Die Fische aus dem Dämpfer nehmen, auf eine vorgewärmte ovale Platte legen und das Schalottenöl darübergießen. Das Gericht sofort mit gekochtem oder leicht gebratenem Reis servieren.

Nicht jeder Fisch läßt sich gut in einem Wok zubereiten. Fisch mit festem Fleisch ist am ehesten für den Wok geeignet, aber der Koch sollte dann schon über einige Erfahrung verfügen. In vielen Fällen verwendet er Dampfkörbchen aus Bambus, die sich stapeln lassen, so daß mehrere Gerichte gleichzeitig gedämpft werden können. Man setzt die Dampfkörbchen dazu in einen Wok und füllt den Wok einige Zentimeter hoch mit Wasser. Dann wird das Wasser schnell zum Kochen gebracht. Den Fisch legt man mit den geschnittenen Möhren, Zwiebeln, der Petersilie usw. in ein Körbchen, das mit passendem Deckel geschlossen wird.

Gedünsteter Fisch mit Knoblauch und Chili *(China)*

1 kochfertiger Seefisch (z. B. Kabeljau)
1 TL Salz
1 TL schwarzer Pfeffer
1 EL Mehl
1,5 dl Mais- oder Sonnenblumenöl
1 Zwiebel
3 Knoblauchzehen
1 EL gehackte Ingwerwurzel oder
1 TL Ingwerpuder
3 EL gelbe Sojabohnenpaste (aus der Dose)
1 EL Ingwersirup
3 EL trockener Weißwein oder Sherry Medium Dry
1,5 dl geklärte Bouillon
2 TL Chiliöl (aus der Flasche)
2 TL Sesamöl
2–3 Krautschalotten oder Frühlingszwiebeln

1. Den ganzen Fisch unter kaltem Wasser abspülen, trocken tupfen und rundherum mit Salz und Pfeffer einreiben. Den Fisch mit Mehl bestäuben und alles 15 Minuten einziehen lassen.
2. Einen Wok 15 Sekunden trocken erhitzen (oder eine große Bratpfanne) und die Hälfte des Öls über die Ränder eingießen.
3. Das Öl erhitzen, bis es anfängt zu rauchen, und den Fisch auf jeder Seite in ca. 1,5 Minuten goldbraun braten. Dabei den Fisch möglichst mit Hilfe einer Spezialzange wenden, damit er nicht zerfällt.
4. Den Fisch aus dem Wok nehmen und warm halten. Den Rest des Öls in den Wok gießen und ebenfalls erhitzen.
5. Zwiebel und Knoblauch schälen, fein hacken und eine Minute in dem heißen Öl rühr-braten. Die Ingwerwurzel zufügen.
6. In einer Schüssel die Sojabohnenpaste mit dem Ingwersirup und dem Wein verrühren und diese Masse ebenfalls zufügen.
7. Die Bouillon und das Chiliöl in den Wok geben und gut durchrühren. Den Fisch wieder in den Wok legen und zehn Minuten bei geschlossenem Deckel dünsten. Den Fisch vorsichtig wenden und bei niedriger Hitze nochmals zehn Minuten dünsten.
8. Den Fisch aus dem Wok heben, auf eine vorgewärmte Platte legen und zudecken.
9. Die Soße bei großer Hitze einkochen lassen und dabei regelmäßig umrühren, dann über den Fisch gießen und das Sesamöl darüberträufeln.
10. Die Krautschalotten säubern und sehr fein hacken.
11. Den Fisch damit bestreuen und sofort servieren.

Tip
Dieses pikante Gericht schmeckt am besten zu gekochtem Reis oder chinesischen Nudeln. Servieren Sie dazu chinesischen Tee oder einen trockenen Weißwein.

In einem chinesischen Restaurant hat jeder Koch sein Spezialgebiet. Der eine ist ein Meister in den verschiedenen Methoden des Schneidens, der andere im Fritieren, der dritte im Rühr-Braten. Die Arbeitsweise unterscheidet sich also wesentlich im Vergleich zu europäischen Restaurants.

Chinesischer Tintenfisch mit Bleichsellerie und Bambussprossen

ca. 500 g Tintenfisch
2–3 EL Zitronensaft
2 Bleichselleriestengel
100 g Bambussprossen
1 mittelgroße Zwiebel
1 Knoblauchzehe
50–75 g Möhre
½ EL gehackte Ingwerwurzel oder
½ TL Ingwerpuder
4 EL Sonnenblumen- oder Maisöl
½ dl Brühe
3 EL trockener Weißwein
1 EL Austernsoße
2 TL Hoisinsoße
1 EL helle Sojasoße
Salz
frisch gemahlener Pfeffer
½ TL Chilisoße (aus der Flasche)
1 TL Maizena
4 Blätter Paksoi, blanchiert
4 Zitronenscheiben

1. Den Tintenfisch waschen und in Stücke von 5 × 6 cm schneiden. Mit einem scharfen Messer die Stücke so einkerben, daß ein Rhombenmuster entsteht. Den Zitronensaft darübergießen und 15 Minuten einziehen lassen.

2. Die Selleriestengel waschen und die unteren Stengelteile abschneiden. Die Stengel in Stücke von 5 cm schneiden und diese drei Minuten in kochendem Wasser blanchieren.

3. Die abgetropften Bambussprossen in Julienne-Streifen schneiden. Zwiebel und Knoblauch schälen und beide fein hacken. Die Möhre in Scheiben schneiden.

4. So viel von der geschälten Ingwerwurzel abraspeln, bis ein Eßlöffel halbvoll ist. Bambussprossen, Zwiebel, Knoblauch, Möhre und Ingwer gesondert auf einen Teller legen.

5. Einen Wok erst 15 Sekunden trocken erhitzen, dann das Öl über die Wände eingießen und in dem heißen Öl die Tintenfischstücke eine Minute rühr-braten.

6. Den Tintenfisch aus dem Wok heben und warm halten. Nun Zwiebel, Knoblauch, Möhre und Ingwer eine Minute rühr-braten, die Selleriestengel zufügen und noch eine Minute rühr-braten.

7. Die Brühe, den Wein, Austern-, Hoisin- und Sojasoße zufügen; mit Salz, Pfeffer und Chilisoße abschmecken.

8. Das Maizena mit 1 Eßlöffel Wasser anrühren und vorsichtig in die Masse einrühren. Die Tintenfischstücke unterheben und alles noch ca. 3 bis 4 Minuten mit geschlossenem Deckel bei niedriger Hitze erwärmen oder so lange, bis alles durch und durch warm ist. Nicht zu lange, sonst wird der Tintenfisch zäh.

9. Vier vorgewärmte Teller mit den blanchierten Paksoi-Blättern auslegen, Tintenfisch und Selleriestengel drauflegen und mit einem Häufchen Bambussprossen, etwas Möhre sowie einer Zitronenscheibe garnieren. Die Soße gesondert servieren. Dieses Gericht wird mit gekochtem Reis oder Mie (chinesische Reis- oder Eiernudeln) gegessen.

Tip
Beim Einkauf darauf achten, daß Sie unbedingt frischen, jungen Tintenfisch bekommen. Er ist zart und zu diesem Gericht besonders geeignet.

Chinesischer Tintenfisch mit Bleichsellerie und Bambussprossen ist ein sehr feines Gericht.

Froschschenkel mit Gemüse und Chili (China)

ca. 1 kg Froschschenkel (tiefgekühlt)
6 große getrocknete chinesische Champignons

Für die Marinade:
1 EL helle Sojasoße
2 EL dunkle Sojasoße
3 EL Sesamöl
3 EL Weinessig
1 EL Austernstoße
150 g Paksoi
125 g Möhren
4 Krautschalotten
4–5 Koblauchzehen
1 Zwiebel
1 dünne Stange Porree
1 EL geraspelte Ingwerwurzel
5 EL Sonnenblumen- oder Maisöl
½ dl Brühe
2 EL trockener Weißwein oder Sherry Medium Dry
Fünfkräuterpuder
Salz
½ TL Chilisoße
1 TL Kartoffelmehl
1 Zitrone
krause Petersilie
einige Salatblätter

1. Die Froschschenkel auftauen lassen. Inzwischen die Champignons 45 Minuten in so viel lauwarmem Wasser einweichen, daß sie bedeckt sind. Danach die Champignons aus dem Wasser nehmen, die Stiele entfernen und die Hütchen einmal oder zweimal durchschneiden. Das Einweichwasser aufheben.
2. Für die Marinade: Die Sojasoßen mit dem Sesamöl, dem Essig und der Austernsoße verrühren. Die Froschschenkel hineingeben und einige Male darin wenden, dann 1 bis 2 Stunden marinieren. Danach herausnehmen und trocken tupfen.
3. Die Paksoi-Blätter waschen, die Stengel in Stücke von ca. 5 cm und die Blätter in breite Streifen schneiden. Die Möhre schaben, der Länge nach durchschneiden und dann in Scheiben schneiden. Das Gemüse fünf Minuten in reichlich kochendem Wasser blanchieren, abtropfen lassen und warm halten.
4. Die Schalotten säubern, das Grüne und das Weiße gesondert hacken. Knoblauch und Zwiebel schälen, die Zwiebel in Ringe schneiden, den Knoblauch fein hacken. Den Porree waschen und ebenfalls klein schneiden. Die geraspelte Ingwerwurzel mit dem Weißen der Schalotten und dem Porree vermischen.
5. Einen Wok 20 Sekunden trocken erhitzen, das Öl über die Wände eingießen und in dem heißen Öl das Gemisch aus Schalotten und Porree in drei Minuten goldgelb und weich braten. Die Möhre zufügen und eine Minute rühr-braten.
6. Die Froschschenkel in den Wok geben und 2 bis 3 Minuten rühr-braten. Die Champignons mit 1 dl des Einweichwassers zufügen und zwei Minuten dünsten.
7. Brühe und Wein zugießen, mit einer Prise Fünfkräuterpuder, Salz und Chilisoße abschmecken und alles mit geschlossenem Deckel noch drei Minuten bei geringer Hitze dünsten.
8. Das Kartoffelmehl mit 2 Eßlöffel Wasser anrühren und dies in der letzten Minute in den Kochsaft im Wok einrühren, bis dieser leicht gebunden ist.
9. Eine vorgewärmte Schale mit Paksoi-Blättern auslegen, die Froschschenkel hübsch anordnen und die Möhrenstücke, Zwiebelringe sowie die chinesischen Champignons dazwischenlegen.
10. Mit Zitronenscheiben oder Zitronenecken, Petersilie und Salatblättern garnieren.

Froschschenkel mit Gemüse und Chili.

Ikan bumbu bali *(Indonesien)*

Balinesischer Fisch

1 kg kochfertige Makrelen, Kabeljau oder
Schellfisch
2–3 TL Asem (aus dem Glas)
2 mittelgroße Zwiebeln
3–4 Knoblauchzehen
1 EL Sambal trasi
1 TL Laospuder
2 TL Gula djawa (Javazucker)
6–7 Kemiri-Nüsse
2 EL Ketjap asin
3 dl Brühe, ⅛ Block Santen (Kokosfett)
1 Halm Seré (Zitronengras)
2–3 EL Soja- oder Sonnenblumenöl

Tip
Dieses Gericht entweder mit gekochtem Reis oder
als Bestandteil einer indonesischen Reistafel
servieren.

1. Den Fisch unter kaltem Wasser abspülen und in ungefähr gleich große Stücke teilen.
2. Asem mit 2 Eßlöffel Wasser verrühren und den Fisch damit einreiben; zwei Stunden durchziehen lassen.
3. Zwiebeln und Knoblauch schälen und grob hacken. Beide im Mixer oder in der Küchenmaschine zusammen mit Sambal, Laos, Gula djawa, Kemiri-Nüssen und Ketjap zu einer glatten Masse mixen.
4. Die Brühe mit dem Stück Santen und dem Seré-Halm in einem Topf mit kräftigem Boden zum Kochen bringen.
5. In einem Wok oder einer Bratpfanne das Öl erhitzen und die Masse aus dem Mixer darin bei mäßiger Hitze kurz anbraten. Einige Eßlöffel der warmen Brühe hinzugeben, durchrühren und alles unter ständigem Rühren in den Topf mit Brühe geben.
6. Die Fischstücke in die Brühe legen und mit geschlossenem Deckel ca. 18 Minuten bei niedriger Hitze dünsten, bis der Fisch gar ist, aber nicht auseinanderfällt. Den Fisch vorsichtig aus dem Topf heben und warm halten. Die Soße bei geringer Hitze noch etwas einkochen lassen.
7. Den Seré-Halm entfernen. Den Fisch auf eine vorgewärmte Platte legen, die Soße darüberschöpfen.
8. Nach Belieben mit Petersilie und einer Zitronenscheibe garnieren.

Ikan bumbu bali kann auch als Bestandteil der indonesischen Reistafel serviert werden.

Sambal goreng udang *(Indonesien)*

Pikant gebratene Garnelen

ca. 350 g geschälte Garnelen
1 mittelgroße Zwiebel
2 Knoblauchzehen
1 TL Sambal trasi
1 TL Serépuder
1 TL Laospuder
1,5 TL Gula djawa (Javazucker)
30–40 g Santen (Kokosfett, vom Block)
3 EL Mais- oder Sonnenblumenöl
Salz
1 EL Ketjap asin oder manis

1. Die Garnelen überprüfen, in einem Sieb unter kaltem Wasser abspülen und abtropfen lassen.
2. Zwiebel und Knoblauch schälen, die Zwiebel fein hacken und den Knoblauch über der Zwiebel auspressen.
3. Die Zwiebel mit dem Knoblauch in einen Mörser geben und mit Sambal, Seré, Laos und Gula djawa zu einer homogenen Masse zerstoßen.
4. Das Stück Santen unter Rühren in 2–2,5 dl heißem Wasser auflösen.
5. Das Öl in einem Wok erhitzen und die Kräutermasse darin kurz anbraten, bis die Zwiebel weich ist.
6. Die Garnelen zufügen und unter ständigem Umschichten ca. zwei Minuten braten. Das Wasser mit Santen zufügen und alles in ca. zwei Minuten bei mäßiger Hitze erwärmen.
7. Mit Salz und Ketjap abschmecken und das Gericht auf eine vorgewärmte flache Schale geben.

Tip

Sambal goreng udang, ein beliebtes indonesisches Gericht, servieren Sie mit gekochtem Reis oder chinesischen Nudeln. Es kann ebenfalls ein Bestandteil der indonesischen Reistafel sein. Trinken Sie dazu eine duftende Tasse Tee. Auch ein einfacher Weißwein schmeckt dazu.

Variante

Sie können dieses Gericht noch etwas verfeinern: Fügen Sie junge Erbsenschoten hinzu.
Säubern Sie 150 g junge Erbsenschoten, dann waschen Sie die Schoten und rühr-braten diese zusammen mit Zwiebel und Knoblauch (Punkt 5). Geben Sie erst danach die Garnelen dazu. Wenn Sie tiefgefrorene Erbsenschoten verwenden, dann lassen Sie diese erst etwa drei Minuten auf einem Teller liegen, bevor Sie sie mit der Zwiebel zusammen rühr-braten. Anstelle des Wassers als Lösemittel für Santen können Sie auch ungesalzene Bouillon nehmen. Vielleicht haben Sie noch einen Rest, den Sie auf diese Weise verwenden können.

Ku lu yuk *(China)*

600 g in Scheiben geschnittenes mageres
Schweinefleisch oder magerer Bauchspeck
Salz
1 EL helle Sojasoße
1 EL Mehl
Sonnenblumenöl zum Fritieren

Für den Teig:
2–3 Eier
3 EL Maizena
3 EL Mehl

Für die Soße:
1 mittelgroße Zwiebel
1 Knoblauchzehe
1 rote Paprikaschote
1 grüne Paprikaschote
1,5 EL Maizena oder Kartoffelmehl
3 EL Ananassaft (aus der Dose)
2 EL Ingwersirup
3 EL Weinessig oder Zitronensaft
2 EL weißer Farinzucker
Salz
2 EL Tomatenketchup
1 EL helle Sojasoße
½ EL Pflaumensoße
2 EL Sonnenblumenöl
4 Scheiben Ananas

Zum Garnieren:
4 Scheiben Ananas (aus der Dose)
8 kandierte Kirschen

<u>Tip</u>
Servieren Sie Ku lu yuk mit gekochtem Reis
und einem weichen Gemüse wie Paksoi mit
Champignons (siehe Seite 46).

1. Eventuell Fett entfernen und das Fleisch in Würfel von 2 × 2 cm schneiden. Die Würfel salzen. Die Sojasoße mit dem Mehl vermengen und über das Fleisch geben. Das Fleisch in dieser Marinade wenden und 15 Minuten ziehen lassen.
2. Für den Teig: Die Eier in einer Schüssel verquirlen. Maizena und Mehl in kleinen Mengen zufügen und rühren, bis der Teig glatt ist. 2 bis 3 Eßlöffel Wasser einrühren, damit der Teig weich wird.
3. Einen Wok trocken erhitzen, ca. 4 dl Öl eingießen und erhitzen, bis es anfängt zu rauchen. Die Fleischwürfel einzeln in den Teig tauchen, so daß sie ganz überzogen sind. Nun das Fleisch in kleinen Portionen in 1 bis 2 Minuten hellbraun fritieren. Die Würfel aus dem Wok heben und auf einem mit Küchenpapier ausgelegten Durchschlag abtropfen lassen. Hitze ausschalten, Wok stehenlassen. Zunächst die Soße zubereiten.
4. Für die Soße: Zwiebel und Knoblauch schälen und fein schneiden. Die gewaschenen Paprikaschoten halbieren. Samen und Samenhäutchen entfernen und das Fruchtfleisch in kleine Vierecke schneiden.
5. Maizena mit 3 EL Wasser zu einem glatten Brei rühren. Den Ananassaft aus der Dose, den Ingwersirup, Essig und Zucker, etwas Salz, Tomatenketchup, die Soja- und die Pflaumensoße zufügen. Alles zu einer homogenen Masse verrühren.
6. In einer Kasserolle mit dickem Boden das Öl erhitzen. Darin erst Zwiebel und Knoblauch goldgelb braten, dann die Paprikastücke zufügen. Nach zwei Minuten die halbierten Ananasscheiben beigeben und noch eine Minute weiterbraten.
7. Unter ständigem Rühren das Maizenagemisch zufügen und alles bei mäßiger Hitze langsam zum Kochen bringen. Sobald die Soße siedet, die Hitze auf den niedrigsten Stand schalten oder den Topf auf eine Platte zum Warmhalten setzen.
8. Das Öl im Wok wieder erhitzen und die vorfritierten Fleischwürfel in 2,5 Minuten gar und goldbraun werden lassen. Die Würfel aus dem Topf nehmen und auf Küchenpapier abtropfen lassen.
9. Die Fleischwürfel (Ku lu yuk) auf eine vorgewärmte Schale geben, die mit Salatblättern und blanchierten Bohnenkeimen ausgelegt wurde.
10. Mit halbierten Ananasscheiben garnieren. Auf jede Scheibe eine halbe kandierte Kirsche legen.
11. Die Soße gesondert servieren oder einen Teil der Soße über die Fleischwürfel (Ku lu yuk) geben. Dann sofort auf den Tisch bringen, bevor die Teigkruste weich wird.

Ku lu yuk, für Liebhaber von chinesischem Schweinefleisch in einer süß-sauren Soße.

Schweinefleisch mit Austernsoße _(China)_

500 g mageres Schweinefleisch
1 EL Maizena oder Kartoffelmehl

Für die Marinade:
1 Eiweiß
1 EL dunkle Sojasoße
1 EL helle Sojasoße
4 EL Weißwein
3 EL Fleisch- oder Hühnerbrühe
1 EL Hoisinsoße
2 EL Maisöl
2 EL Zitronensaft
2 TL Zucker
1 TL frisch gemahlener Pfeffer
Salz

1 große rote Paprikaschote
1 große grüne Paprikaschote
5 Krautschalotten oder Frühlingszwiebeln
4–5 mittelgroße Knoblauchzehen
5–6 EL Mais- oder Sonnenblumenöl
2–3 EL Austernsoße
1–2 EL fermentierte schwarze Bohnen (aus der Dose)
1 rote spanische Pfefferschote
1 TL Zucker
1 EL Ingwersirup
3 EL Weißwein oder Sherry Medium
3 EL Hühnerbrühe
2 TL Sesamöl

Zum Garnieren:
1 Zitrone
frische Petersilie

1. Das Fleisch quer zu den Fleischfasern in 3 × 4 cm große Scheiben schneiden, ½ cm dick. Die Scheiben auf eine Schale legen und mit Maizena bestäuben, damit sie eine schönere Textur bekommen. Zehn Minuten liegenlassen.
2. Für die Marinade: Das Eiweiß verquirlen, die beiden Sojasoßen, Wein, Brühe, die Hoisinsoße und das Öl unterrühren. Den Zitronensaft sowie Zucker, Pfeffer und Salz hinzugeben und das Fleisch in diese Marinade legen. 30 Minuten zugedeckt durchziehen lassen.
3. Die Paprikaschoten waschen, halbieren, die Samen und Samenhäutchen entfernen und das Fruchtfleisch in Vierecke von 1,5 cm oder dünne Streifen schneiden.
4. Die Schalotten säubern, den Wurzelteil abschneiden, unschöne Stellen entfernen; das Grüne und das Weiße gesondert fein schneiden. Die Knoblauchzehen schälen und fein hacken.
5. Einen Wok 15 Sekunden trocken erhitzen, die Hälfte des Öls über die Ränder eingießen und im heißen Öl die Paprikastücke ca. zwei Minuten rühr-braten. Die Paprika herausnehmen und beiseite stellen.
6. Das übrige Öl in den Wok geben, aufs neue erhitzen und nun den Knoblauch mit dem Weißen der Schalotte ca. eine Minute rühr-braten.
7. Die Austernsoße mit den zerkleinerten schwarzen Bohnen zufügen. Die gewaschene Pfefferschote der Länge nach aufschneiden, die Samen entfernen und die Schote fein schneiden.
8. Die Pfefferschote und das Fleisch zufügen. Alles ca. 1,5 Minuten bei großer Hitze rühr-braten, bis das Fleisch fast gar ist.
9. Den Zucker darüberstreuen. Ingwersirup, Wein und Brühe zufügen und weiter umschichten. Nach Belieben einen Teil der Marinade zugießen.
10. Die Paprikastücke wieder in den Wok geben, das Grün der Schalotte dazu und alles bei mäßiger Hitze in ca. einer Minute gut erwärmen.
11. Das Gericht mit dem Sesamöl beträufeln. Dadurch bekommt es einen schönen, samtartigen Glanz.
12. Dann alles auf eine vorgewärmte Schale geben und mit Zitronenscheiben sowie mit Petersilienstengeln garnieren.

Tip
Ein scharfes, aber besonders schmackhaftes Gericht aus der südchinesischen Provinz Kanton. Es schmeckt am besten mit einer großen Schüssel gekochtem Reis. Weiter können Sie jedes erdenkliche Gemüsegericht als Beilage servieren, sofern es aus feineren Gemüsesorten besteht. Paksoi, Chinakohl, Bohnenkeime, im Wok gebraten – sie passen alle ausgezeichnet dazu. Für vegetarische Gäste können Sie das Fleisch weglassen. Die Chinesen selbst betrachten Huhn, Garnelen u. ä. als eine Beigabe, eine schmackhafte Note im Gericht, nicht als Hauptbestandteil.

Rindfleisch mit Hoisinsoße und Strohchampignons *(China)*

750 g mageres Rindfleisch

Für die Marinade:
1 EL helle Sojasoße
2 EL dunkle Sojasoße
3 EL Fleisch- oder Hühnerbrühe
3 EL roter Weinessig
2 EL Maisöl
1 EL Maizena oder Kartoffelmehl
Salz, Pfeffer

2 mittelgroße Zwiebeln
2 Knoblauchzehen
1 EL geraspelte Ingwerwurzel oder
1,5 TL Ingwerpuder
5 EL Mais- oder Sonnenblumenöl
1 EL Ingwersirup
3 EL trockener Weißwein oder Sherry Medium Dry
4 EL Hoisinsoße
1 TL Zucker
1 EL gelbe Bohnenpaste (aus der Dose)
Salz
ca. 200 g Strohchampignons (aus der Dose)
2–3 EL Maizena
2 TL Sesamöl

Zum Garnieren:
1–2 Krautschalotten
1 Tomate
1 EL feingehackte Petersilie

1. Das Fleisch quer zu den Fleischfasern in Scheiben von 3 × 4 cm schneiden, ½ cm dick. Die Stücke in eine Schüssel legen.
2. Für die Marinade: Die beiden Sojasoßen, Brühe, Essig und Öl gut vermischen.
3. Das Fleisch in die Marinade geben und sorgfältig umwenden, dann mit Maizena bestäuben. Salz und Pfeffer nach Geschmack zufügen, einige Male umschichten und zugedeckt 30 bis 45 Minuten durchziehen lassen. Danach das Fleisch trocken tupfen.
4. Zwiebeln und Knoblauch schälen und fein hacken. So viel von der geschälten Ingwerwurzel abraspeln, bis 1 Eßlöffel voll ist. Die Zutaten gesondert beiseite stellen.
5. Einen Wok 15 Sekunden trocken erhitzen, dann das Öl über die Ränder eingießen und darin eine Minute Zwiebeln und Knoblauch goldbraun braten. Den Ingwer zufügen und ½ Minute weiterbraten.
6. Das Fleisch in den Wok geben und eine Minute rühr-braten, Ingwersirup, Wein und Hoisinsoße unterrühren. Den Zucker und die Bohnenpaste (zerkleinerte gelbe Bohnen) zufügen. Alles umrühren und mit Salz abschmecken.
7. Nun die Strohcampignons mit 2 dl der Dosenflüssigkeit zugeben.
8. Das Maizena mit 2 Eßlöffel Wasser anrühren und unter ständigem Rühren in den Kochsaft geben. Wenn die Soße gebunden ist, das Gericht in eine vorgewärmte Schüssel füllen. Das Sesamöl darüberträufeln.
9. Mit dünnen Schalottenringen und hübsch geschnittener Tomate garnieren, die feingehackte Petersilie darüberstreuen.

Kammrippchen mit Soße aus schwarzen Bohnen *(China)*

1 kg nicht zu fette Kammrippchen

Für die Marinade:
2 EL dunkle Sojasoße
1 EL helle Sojasoße
2 EL Reiswein oder roter Weinessig
1 TL Salz
1 TL brauner Farinzucker
1 Zwiebel
3 Knoblauchzehen

Für den Teig:
3 Eier
3 EL Maizena
3 EL Mehl
1 EL Wasser
Salz

4 Frühlingszwiebeln
3 Knoblauchzehen
6 EL Sonnenblumen- oder Sojaöl
1 EL geraspelte Ingwerwurzel oder
1,5 TL Ingwerpuder
100 g Karotten
1 kleine grüne Paprikaschote
1 grüne spanische Pfefferschote
1 EL Ingwersirup
8 kandierte Ingwerkugeln
2 dl Brühe
Salz, Pfeffer
einige Salatblätter

Für die Soße:
1 EL Kartoffelmehl
6–7 EL Fleisch- oder Hühnerbrühe
2–3 EL fermentierte schwarze Bohnen (aus der Dose)
1 EL Reiswein oder Sherry Medium
1,5 TL Zucker

1. Die Rippchen auseinanderschneiden und in Stücke von 2–3 cm hacken.
2. Für die Marinade: In einer Schüssel beide Sojasoßen, Reiswein, Salz und Zucker gut mischen.
3. Zwiebel und Knoblauch schälen und fein schneiden, dann in die Marinade geben. Die Rippenstücke einlegen und sorgfältig darin wenden. Die Marinade soll mindestens eine Stunde einziehen.
4. Für den Teig: Die Eier verquirlen. Maizena und Mehl in kleinen Mengen gleichzeitig zufügen und vermengen. Das Wasser zugeben und rühren, bis ein glatter, goldgelber Teig entsteht, der wie ein Band vom Holzlöffel fällt. Etwas Salz einrühren.
5. Das Fleisch aus der Marinade heben und mit Küchenpapier trocken tupfen. Die Stückchen auf einem Teller bereitstellen.
6. Zwiebeln und Knoblauch schälen und fein schneiden. Einen Wok 15 Sekunden trocken erhitzen, dann das Öl über die Ränder eingießen. Zwiebel und Knoblauch im heißen Öl goldgelb braten, dann die Ingwerwurzel zufügen. Alles aus dem Wok schöpfen, die Wärmequelle ausschalten und das Zwiebelgemisch aufheben.
7. Die Karotten schaben, waschen und in dünne Scheiben schneiden. Die Paprikaschote waschen, halbieren. Samen und Samenhäutchen entfernen, dann das Fruchtfleisch in drei- oder viereckige Stückchen schneiden. Die Samen aus der Pfefferschote entfernen und die Schote in dünne Ringe schneiden. Das übrige Öl in den Wok gießen und nochmals erhitzen. Karotten, Paprika und die Pfefferschote 1,5 Minuten rühr-braten.
8. Die Rippchenstücke einzeln in den Teig tauchen und portionsweise auf allen Seiten goldbraun rühr-backen. Ingwersirup zufügen, dann sehr fein gehackten kandierten Ingwer und die Brühe. Hitze zurückschalten.
9. Für die Soße: Das Kartoffelmehl in einer Schüssel erst mit 2 Eßlöffel Brühe anrühren, dann die übrige Brühe, die fermentierten schwarzen Bohnen, den Reiswein und den Zucker sowie das Zwiebelgemisch zufügen und alles vermengen.
10. Diese Masse zu den Rippchen geben, alles unter ständigem Umrühren bei mäßiger Hitze erwärmen, bis die Soße leicht gebunden und das Fleisch durch und durch warm ist. Mit Salz und Pfeffer abschmecken.
11. Eine große Schale mit Salatblättern auslegen und die Fleischstücke daraufgeben. Die Soße nach Belieben gesondert servieren oder über das Fleisch gießen. Sofort mit gekochtem Reis servieren.

Tip
Sie können die Marinade durch ein Sieb gießen und der Soße zufügen. Tun Sie das jedoch nicht auf einmal, sondern probieren Sie erst, ob Ihnen der Geschmack zusagt. Es könnte sonst zu scharf werden.

Kammrippchen mit Soße aus schwarzen Bohnen.

Cha siu *(China)*

Geröstetes, rotgekochtes Schweine-fleisch

1 kg Schweinefleisch ohne Knochen, am besten mit einem kleinen Fettrand

Für die Marinade:
3 EL Hoisinsoße
3 EL helle Sojasoße
1 EL dunkle Sojasoße
1 dl Fleischbrühe
1,5 EL gelbe Bohnenpaste (aus der Dose)
1 EL Sojabohnenpaste (aus der Dose)
4 EL Reiswein oder Sherry Medium
5 EL Zucker
Fünfkräuterpuder
3 EL Honig
Salz
1 TL Kartoffelmehl

Das Fleisch wird nach dem Rühr-Braten mit einem speziellen Fritiersieb aus dem Wok geschöpft und zur weiteren Verarbeitung auf einen Teller oder eine Schüssel gelegt.

1. Das Fleisch in vier gleich dicke Streifen schneiden oder hacken und diese an den Seitenrändern einige Male einschneiden, damit sie sich nicht krümmen.
2. Für die Marinade: In einer Schüssel die Hoisinsoße, beide Sojasoßen, die Brühe, Bohnen- und Sojabohnenpaste sowie den Reiswein gut vermengen. Nach Geschmack Zucker und eine Prise Fünfkräuterpuder zufügen. Weiterrühren, bis eine homogene Marinade entstanden ist.
3. Das Fleisch in die Marinade geben und ganz bedecken, dann zugedeckt etwa fünf Stunden darin liegenlassen.
4. Den Backofen auf 200°C vorheizen. Die Fleischstreifen aus der Marinade nehmen, trocken tupfen und auf einem Rost oberhalb der Mitte in den Ofen schieben. Darunter einen Bratschlitten mit ca. 2 cm Wasser setzen. Das Fleisch auf diese Weise 25 Minuten backen.
5. Das Fleisch aus dem Ofen nehmen, nochmals durch die Marinade ziehen, mit der anderen Seite nach oben wieder auf den Rost legen und nun bei 180°C wieder 25 Minuten backen. Die Marinade für die Soße aufheben.
6. Wenn sich kein Saft mehr zeigt, das Fleisch aus dem Ofen nehmen. Jeden Streifen sorgfältig mit Honig bestreichen. Das Fleisch quer zu den Fleischfasern in schräge Scheiben schneiden und diese dachziegelförmig auf eine vorgewärmte Schale legen.
7. Die übrige Marinade erwärmen, noch etwas Wasser oder Brühe zufügen, eventuell Salz, und die Soße mit Kartoffelmehl binden, das Sie mit einem Eßlöffel Wasser angerührt haben.
8. Die warme Soße über das Fleisch gießen und sofort servieren.

Tip
Cha siu ist ein berühmtes Fleischgericht aus der kantonesischen Küche, einer der vier Hauptrichtungen der chinesischen Küche. In Europa sind viele Restaurants Vertreter der kantonesischen Küche, die sowohl wegen ihrer reichen Abwechslung an Produkten berühmt ist als auch wegen der verschiedenen Zubereitungsarten und der süß-sauren aromatischen Nuancen der einzelnen Gerichte.

Variante
Dieses Gericht können Sie sowohl mit magerem Bauchspeck als auch mit Kammrippchen zubereiten. Wer es möchte, nimmt mehr Fleisch; Sie können es am nächsten Tag noch verzehren oder auch tiefgekühlt aufbewahren, um irgendwann unerwarteten Gästen etwas Besonderes anbieten zu können.
Wärmen Sie Cha siu, wenn es möglich ist, im Mikrowellenofen auf; dann brauchen Sie kein Fett mehr zuzufügen.

Babi ketjap *(Indonesien)*

Siehe Foto auf Seite 76 und 77

600 g Schweinefleisch von der Keule, mit kleinem
Fettrand
Salz, Pfeffer
2 TL geraspelte Ingwerwurzel oder
1 TL Ingwerpuder

Für die Marinade:
2 mittelgroße Zwiebeln
3 Knoblauchzehen
1 Stange Porree
3 Kemiri-Nüsse
1 TL Ketumbar (Koriander)
1 TL Djintan (Kreuzkümmel)
2 dl Ketjap manis
3 EL Zitronensaft
1 TL Sambal djeruk
1 EL Gula djawa oder brauner Farinzucker
3 EL Sonnenblumenöl
2 EL Margarine

1. Das Fleisch in Würfel von ca. 2 cm schneiden und in eine Schüssel geben. Etwas Salz, frisch gemahlenen Pfeffer und Ingwerwurzel hinzugeben und 30 Minuten einziehen lassen.
2. Für die Marinade: Zwiebeln und Knoblauch schälen, beide sehr fein hacken und in eine Schüssel geben. Den gewaschenen Porree ebenfalls fein schneiden und dem Zwiebelgemisch zufügen.
3. Die Kemiri-Nüsse mahlen und zusammen mit Ketumbar, Djintan, Ketjap, Zitronensaft, Sambal und dem zerkrümelten Gula djawa ebenfalls dem Zwiebelgemisch zufügen. Rühren, bis eine homogene Masse entstanden ist.
4. Das Fleisch in diese Marinade geben und darin wenden, dann zugedeckt eine Nacht im Kühlschrank ziehen lassen.
5. Das Fleisch aus der Marinade nehmen und auf einem Sieb abtropfen lassen. Die Marinade zum späteren Gebrauch aufheben.
6. Öl und Margarine in einem Wok oder einer Bratpfanne erhitzen und das Fleisch darin bei großer Hitze rundherum bräunen lassen.
7. Die Marinade in kleinen Mengen dazugießen und das Ganze zum Kochen bringen. Dann die Hitze zurückschalten und das Fleisch ca. 20 Minuten schmoren lassen. Nach Wunsch Wasser oder Brühe zufügen, damit das Fleisch nicht anbrennt, und regelmäßig umrühren.

Tip
Servieren Sie gekochten Reis oder Mie (dünne chinesische Nudeln) dazu. Babi ketjap kann auch ein Bestandteil der indonesischen Reistafel sein. Zu Babi ketjap schmecken Sambal-Bohnen besonders gut (siehe Seite 48/49).

Mit Feuer zu spielen ist faszinierend. Während des Rühr-
Bratens wird das heiße Fett häufig mit Wein abgelöscht.
Dabei schlägt die Flamme auch mal in den Topf.
Die Kombination von Öl und Weinessig oder Wein mit
den marinierten Produkten gibt einem Gericht das spe-
zielle Aroma, das so charakteristisch für die asiatische
Küche ist.

Auf den nächsten Seiten sehen Sie eine Abbildung von
Babi ketjap. Ein besonders schmackhaftes Gericht, das
sich leicht zubereiten läßt.

Babi panggang *(Indonesien)*

ca. 4 Scheiben magerer Bauchspeck (200 g)
½ TL Fünfkräuterpuder
Salz
1 TL schwarzer Pfeffer
1 Kopfsalat
2 Tomaten
einige Stengel Petersilie

Für die Marinade:
1 dl Ketjap manis
1 EL Hoisinsoße
2 EL Sonnenblumen- oder Sojaöl
2 EL Zitronensaft
1 EL brauner Farinzucker
½ TL Ketumbar (Koriander)
½ TL Djintan (Kreuzkümmel)
1 TL Ingwerpuder

1. Die Bauchspeckscheiben mit Fünfkräuterpuder, etwas Salz sowie frisch gemahlenem Pfeffer einreiben und 10 Minuten liegenlassen.
2. Für die Marinade: Ketjap, Hoisinsoße, Öl und Zitronensaft in eine Schüssel gießen. Zucker, Ketumbar, Djintan, Ingwer und Sambal unterrühren.
3. Zwiebeln und Knoblauch schälen, sehr fein hacken und der Marinade zufügen.
4. Die Fleischscheiben einzeln in der Marinade wenden und sie dann darin zugedeckt ca. drei Stunden ziehen lassen. Ab und zu umdrehen. Danach das Fleisch aus der Marinade nehmen und trocken tupfen. Die Marinade aufheben, nach Belieben noch etwas Öl und Ketjap unterrühren.
5. Den Backofen auf 200 °C vorheizen und die Fleischscheiben auf einen Grillrost legen. Eine Auffangschale oder den Bratschlitten darunterstellen. Das Fleisch ca. 12 Minuten auf jeder Seite rösten, dabei regelmäßig mit der Marinade beträufeln. Anschließend die Fleischscheiben auf ein eingefettetes Backblech legen und in die Mitte des Ofens schieben.
6. Das Fleisch ca. 45 bis 50 Minuten backen, während dieser Zeit die

Babi panggang wird häufig mit einer chinesischen Tomatensoße serviert.

1 TL Sambal
2 mittelgroße Zwiebeln
2 Knoblauchzehen

Scheiben einmal wenden und regelmäßig mit der Marinade beträufeln, damit das Fleisch nicht austrocknet.
7. Eine Schale mit schönen Salatblättern auslegen, das Fleisch in Streifen von gleicher Größe schneiden und auf die Salatblätter verteilen.
8. Mit zierlich geschnittenen Rosen aus Tomaten und Petersilie garnieren.

Tip

Sie können hierzu gesondert eine Soße servieren, zum Beispiel die Ketjap-soße (Rezepte auf Seite 33). Damit bleiben Sie bei derselben Geschmacksrichtung. Eine chinesische Tomatensoße schmeckt ebenfalls gut dazu (Rezept Seite 34). Bringen Sie Babi panggang mit einer Schüssel voll dampfendem gekochten Reis und einem Gemüse, beispielsweise Gado gado (siehe Seite 48), auf den Tisch.

Empal daging *(Indonesien)*

Pikantes geschmortes Rindfleisch

500 g mageres Rindfleisch
ca. 50–60 g Santen (Kokosfett, vom Block)
1 große Zwiebel oder 2 mittelgroße Zwiebeln
3–4 Knoblauchzehen
2 TL Djintan (Kreuzkümmel)
2 TL Ketumbar (Koriander)
1 TL Serépuder
1 EL Asem (aus dem Glas)
1 EL Gula djawa oder brauner Farinzucker
4–5 EL Sonnenblumen- oder Sojaöl

1. Das Fleisch in ca. ½ cm dicke Scheiben schneiden.
2. Die 50–60 g Santen in ½ l kochendem Wasser auflösen.
3. Zwiebel und Knoblauch schälen, fein hacken und in die Santenlösung geben. Djintan, Ketumbar und Seré unterrühren.
4. 1 Eßlöffel Asem mit 3 Eßlöffel Wasser verrühren und dem Santen-gemisch zufügen.
5. Gula djawa zerkrümelt unterrühren und alles in eine kräftige Bratpfanne geben.
6. Das Fleisch hineinlegen und alles sorgfältig umschichten, so daß jede Fleischscheibe gut mit der würzigen Masse bedeckt ist. Dann alles lang-sam zum Kochen bringen.
7. Die Hitze zurückschalten und das Fleisch mit geschlossenem Deckel in ca. 35 bis 40 Minuten garen. Den Deckel abnehmen und den Kochsaft in ca. zehn Minuten etwas einkochen lassen.
8. Das Fleisch aus dem Topf nehmen und einige Stunden ruhen lassen.
9. Danach das Öl in einem Wok erhitzen und das Fleisch schnell von allen Seiten goldbraun braten. Auf einer vorgewärmten Platte servieren.

Tip

Sehr gut paßt zu diesem Gericht gekochter Reis oder Mie; kurz aufgebra-tener Reis schmeckt auch gut dazu. Kombinieren Sie das Gericht mit Sambal goreng tahu (siehe Seite 53).

Chinesisches Huhn mit Ananas und Cashewnüssen

500 g Hühnerfilet
1 Eiweiß
1 TL schwarzer Pfeffer, Salz
4 Krautschalotten oder Frühlingszwiebeln
2 Knoblauchzehen
2 TL geraspelte Ingwerwurzel oder
1 TL Ingwerpuder
1 dünne Stange Porree
4 EL Mais- oder Sonnenblumenöl
100 g frisch geröstete, geschälte Cashewnüsse
6 kandierte Ingwerbällchen, klein gehackt
1 EL helle Sojasoße
½ EL dunkle Sojasoße
1 EL Weinessig
3 EL Hühnerbrühe
1 EL Pflaumensoße
125 g Ananas (Stückchen aus der Dose)

1. Gegebenenfalls Sehnen und Fett vom Hühnerfilet entfernen und das Hühnerfleisch quer zu den Fleischfasern schräg in sehr dünne Scheiben schneiden. Das Eiweiß mit Salz und Pfeffer verquirlen. Das Hühnerfleisch in diesem Gemisch wenden und etwa 15 Minuten ziehen lassen.
2. Schalotten und Knoblauch schälen und alles fein schneiden, das Weiße und das Grüne gesondert.
3. Von der geschälten Ingwerwurzel so viel abraspeln, bis zwei Teelöffel voll sind. Den Porree säubern und ganz fein hacken.
4. Einen Wok bei großer Hitze 15 Sekunden trocken erhitzen und das Öl über die Ränder eingießen. Das Weiße der Schalotten, den Knoblauch und den Porree darin goldgelb braten. Die geraspelte Ingwerwurzel und das Hühnerfleisch in die Zwiebelmasse geben und rühr-braten, bis das Hühnerfleisch heller wird.
5. Die Cashewnüsse und die gehackten Ingwerbällchen zufügen, anschließend beide Sojasoßen, den Weinessig, die Brühe und zum Schluß die Pflaumensoße.
6. Alles bei niedriger Hitze etwa sieben Minuten dünsten, in den letzten vier Minuten die Ananasstückchen zufügen.
7. Das Gericht in eine vorgewärmte Schüssel geben und mit dem klein-geschnittenen Schalottengrün bestreuen. Sofort servieren.

Tip
Wenn Sie frische Ingwerwurzel nicht bekommen können, dann nehmen Sie Ingwerpuder. Dabei sollten Sie vorsichtig sein, da Ingwerpuder viel stärker schmeckt. Außerdem sollte er nicht mit Zwiebeln und Knoblauch zusammen angebraten werden, weil er dann dem Gericht einen bitteren Geschmack geben kann. Ingwerpuder in einem späteren Stadium zufü-gen, z. B. mit der Brühe oder einer anderen Flüssigkeit.

Chinesisches Huhn mit Ananas und Cashew-nüssen.

Huhn mit Mais und Mandeln aus Sichuan *(China)*

500 g Hühnerfilet
1 Eiweiß
1 TL Salz
1 TL frisch gemahlener Pfeffer
1 EL Mehl
ca. 250 g Maiskolben (aus der Dose)
1 große Zwiebel
2 Krautschalotten oder Frühlingszwiebeln
3 Knoblauchzehen
2 dünne Stangen Porree
1 EL geraspelte Ingwerwurzel oder
1,5 TL Ingwerpuder
4–5 EL Mais- oder Sonnenblumenöl
½ dl Hühnerbrühe
3 EL Weißwein
2 EL Ingwersirup
1 EL helle Sojasoße
6 kandierte Ingwerkugeln
50 g geschälte Mandeln

1. Das Hühnerfleisch quer zu den Fleischfasern schräg in dünne Scheiben schneiden. Das Eiweiß mit Salz und Pfeffer verquirlen, das Mehl unterrühren und weiterrühren, bis ein glatter Brei entsteht. Das Hühnerfleisch hineinlegen und wenden.
2. Die Maiskolben abtropfen lassen. Zwiebel, Schalotten sowie Knoblauch schälen und alles hauchdünn schneiden, Weißes und Grünes gesondert.
3. Die Porreestangen säubern und in dünne Ringe schneiden. So viel von der geschälten Ingwerwurzel abraspeln, bis ein Eßlöffel voll ist.
4. Das Öl in einem Wok oder einer Bratpfanne mit kräftigem Boden erhitzen und die Zwiebel, das Weiße der Schalotten, den Knoblauch und den Porree darin goldgelb braten.
5. Ingwerwurzel und das Hühnerfleisch in die Zwiebelmasse geben und rühr-braten, bis das Hühnerfleisch anfängt weiß zu werden. Die Brühe, den Wein, den Ingwersirup und die Sojasoße dazugießen.
6. Die Ingwerkugeln in kleine Stücke hacken und zufügen. Alles bei niedriger Hitze noch fünf Minuten schmoren lassen.
7. Die Mandeln in einer Pfanne ohne Fett goldbraun rösten und zufügen.
8. Das Gericht auf eine vorgewärmte Schale geben und mit dem zurückbehaltenen Schalottengrün bestreuen.

Variante
Anstatt des Hühnerfilets können Sie auch Enten- oder Putenfilet nehmen. Wenn Sie das Fleisch in dünne Scheiben von 3 × 4 cm schneiden, nimmt das Rühr-Braten ebensoviel Zeit in Anspruch.

Kantonesische rotgedünstete Ente *(China)*

1 kochfertige junge Ente, ca. 1,2 kg schwer
1 l Hühnerbrühe
5 Krautschalotten oder Frühlingszwiebeln
2 Stangen Porree
2 Zwiebeln
4 Knoblauchzehen
5 EL Sonnenblumenöl
1,5 EL geraspelte Ingwerwurzel oder
2 TL Ingwerpuder
4 EL dunkle Sojasoße
2 EL helle Sojasoße
2 EL Hoisinsoße
2 EL Pflaumensoße

1. Die Ente innen und außen mit Wasser abspülen und, wenn nötig, mit Bindfäden befestigen. Den Vogel mit der Brust nach oben in einen großen Topf legen. Die Brühe dazugießen und langsam zum Kochen bringen. Dabei regelmäßig abschäumen.
2. Die Schalotten säubern, das Grüne und das Weiße gesondert schneiden. Die Porreestangen waschen und grob schneiden.
3. Zwiebeln und Knoblauch schälen und fein hacken. In einem Wok oder einer Kasserolle das Öl erhitzen und die Zwiebeln mit Knoblauch goldgelb braten. Den Ingwer und das Weiße der Schalotten zufügen und eine Minute weiterbraten.
4. Die beiden Sojasoßen, die Hoisin- und die Pflaumensoße sowie den Essig zufügen. Diese Soße unter ständigem Rühren in den Topf mit der Ente geben.

4 EL roter Weinessig oder Rotwein mit
2 EL Zitronensaft
Salz
1 TL frisch gemahlener schwarzer Pfeffer

Servieren

Tranchieren Sie die Ente am besten bei Tisch mit einem sehr scharfen Messer, nachdem Sie die Bindfäden entfernt haben. Über jede Portion geben Sie ein wenig Soße, den Rest der Soße gießen Sie dann in eine Sauciere. Passende Getränke dazu sind: Als Aperitif ein kleines Glas angewärmter Reiswein und während der Mahlzeit ein leichter, fruchtiger Weißwein.

5. Sobald die Bouillon anfängt zu sieden, die Hitze zurückschalten, den Deckel auf den Topf legen und die Ente ca. 40 Minuten dünsten. Dann die Ente umdrehen und nochmals 40 Minuten dünsten, jedenfalls so lange, bis die Ente gar ist.
6. Das Gericht mit Salz und Pfeffer abschmecken, die Ente auf eine vorgewärmte flache Schale legen und mit dem aufbewahrten Schalottengrün bestreuen.
7. Eventuell ca. 2 dl von der Bouillon abnehmen und mit 2 Teelöffel Kartoffelmehl oder Maizena binden. Um die Soße noch pikanter zu machen, nach Geschmack 1 bis 2 Teelöffel Chilisoße einrühren.
8. Dieses Gericht mit gekochtem Reis und/oder Mie servieren.

Tip

Zur Kontrolle, ob die Ente gar ist, ziehen Sie vorsichtig an einem Bein. Wenn sich das Fleisch vom Knochen löst, ist die Ente gar. Andernfalls lassen Sie sie noch zehn Minuten länger dünsten.

Ayam setan

Indonesisches Teufelshuhn

1 Brathähnchen, ca. 1 kg schwer
1 TL schwarzer Pfeffer
1 TL Senf, 1 TL Sambal
1 EL Sonnenblumenöl
1 EL Ketjap asin

Für die Soße:
2 mittelgroße Zwiebeln
3–4 Knoblauchzehen
5 EL Sonnenblumen- oder Sojaöl
1 EL Sambal ulek oder djeruk
2–3 EL Zitronensaft
3 EL Ketjap manis
1–1,5 dl Hühner- oder Fleischbrühe
2 TL Gula djawa (Javazucker)
Salz, 2 Tl Kartoffelmehl

Tip

Anstatt Sambal können Sie selbstverständlich auch Pfefferschoten nehmen; sie sind noch schärfer. Entfernen Sie die Samen vorher. Und kommen Sie nicht aus Versehen mit den Fingern in die Augen: das brennt!

1. Das Hähnchen in vier oder acht Stücke teilen, diese unter kaltem Wasser abspülen und trocken tupfen.
2. In einer Schüssel Pfeffer, Senf, Sambal, Öl und Ketjap gut vermischen und die Hähnchenstücke damit von allen Seiten einreiben.
3. Das Fleisch in eine Schale legen, mit Alufolie abdecken und die Kräutermischung im Kühlschrank mindestens 1,5 Stunden einziehen lassen. Dann das Fleisch aus der Schüssel nehmen und die Stücke trocken tupfen.
4. Für die Soße: Zwiebeln und Knoblauch schälen und fein schneiden. Das Öl in einem Wok erhitzen und die Zwiebeln mit dem Knoblauch darin goldgelb braten. Die Fleischstücke in den Wok geben und ebenfalls von allen Seiten schnell goldbraun braten. Die Fleischstücke aus dem Wok nehmen und auf einen Teller legen.
5. Nun den Sambal unter die gebratenen Zwiebeln rühren, Zitronensaft, Ketjap sowie Brühe zufügen und alles unter ständigem Rühren zum Kochen bringen.
6. Gula djawa zerbröckelt in den Wok geben, nach Geschmack salzen und die Fleischstücke in diese Soße legen.
7. Mit geschlossenem Deckel auf niedriger Hitze ca. 15 Minuten dünsten, bis das Fleisch weich und gar ist.
8. Die Fleischstücke aus dem Wok nehmen und auf eine vorgewärmte Platte legen. Das Kartoffelmehl mit 1 Eßlöffel Wasser anrühren und die Soße damit binden.
9. Die warme Soße über die Hähnchenstücke gießen und dazu gekochten Reis oder Mie servieren.

Indonesische Hühnerkeulen mit knuspriger Kruste.

Indonesische knusprige Hühnerkeulen

1 kg Hühnerkeulen
1 TL schwarzer Pfeffer
1,5 TL Salz
½ TL Paprika

Für die Marinade:
6 EL Ketjap asin
3 EL Sonnenblumen- oder Sojaöl
1 EL Asem (aus dem Glas)
1 EL Sambal ulek oder badjak
½ TL Djintan (Kreuzkümmel)
½ TL Ketumbar (Koriander)
½ TL Laospuder
½ TL Ingwerpuder oder
1 EL geraspelte Ingwerwurzel

1. Die Hühnerkeulen unter kaltem Wasser abspülen und abtropfen lassen, dann mit einem Gemisch aus Pfeffer, Salz und Paprika einreiben.
2. Für die Marinade: Ketjap in eine Schüssel geben, das Öl, Asem mit 3 Eßlöffel Wasser verrührt, Sambal, Djintan, Ketumbar, Laos sowie Ingwer zufügen und alles gut vermengen.
3. Die Hühnerkeulen einzeln in die Marinade geben und dann mindestens vier Stunden darin liegenlassen, am besten eine ganze Nacht. Ab und zu wenden. Die Keulen aus der Marinade nehmen und trocken tupfen.
4. Den Backofen auf 240 °C vorheizen. Die Hühnerkeulen auf ein eingefettetes Backblech legen und im Ofen von jeder Seite acht Minuten backen. Dadurch schließen sich die Poren des Fleisches, ohne daß Fett zugefügt zu werden braucht.
5. Die Hühnerkeulen aus dem Ofen nehmen und auf einen Teller legen. Die Eier mit 1 Eßlöffel Wasser, Salz und Pfeffer verquirlen. Die Keulen erst durch das Eigemisch ziehen, dann in Paniermehl oder Mehl wälzen.

Für die Panade:
2 Eier
Salz
Pfeffer
Paniermehl oder Mehl
1 l Sonnenblumen- oder Sojaöl zum Fritieren

6. Das Öl in einer Friteuse mit Korb erhitzen und die Hühnerkeulen darin schnell gar und von allen Seiten knusprig braun fritieren.
7. Die Keulen auf eine vorgewärmte Platte legen und mit feingeschnittenem Schalottengrün bestreuen. Mit einer Schüssel gehackter dünner chinesischer Eiernudeln servieren.

Tip
Sie können die Hühnerkeulen auch nach dem Panieren weiter im Ofen garen. Schalten Sie den Ofen dann auf niedrigere Hitze (200 °C) und backen Sie die Keulen in etwa 30 Minuten gar. Die Keulen sind dann etwas weniger knusprig als beim Fritieren in heißem Öl auf 180 °C.
Eine andere Möglichkeit ist, die Keulen erst unter dem Grill zu rösten und nach dem Panieren zu fritieren. Dann behält das Fleisch den feinen Grillgeschmack, es bleibt durch das Grillen zart und saftig und von außen bekommt es eine knusprige Kruste.

Ayam besengèk

Indonesisches Hähnchen, in würziger
Soße gedünstet

1 Brathähnchen, ca. 1 kg schwer
1,5 EL Asem (aus dem Glas)
1–2 TL Salz
1 TL Pfeffer
6 EL Sonnenblumen- oder Sojaöl
2 mittelgroße Zwiebeln
3–4 Knoblauchzehen
1 Stange Porree
3–4 Kemiri-Nüsse
2 TL Ketumbar (Koriander)
1,5 TL Djintan (Kreuzkümmel)
1 TL Laospuder
1 TL Kurkuma (Gelbwurz)
1 TL Serépuder
½ TL Trasi (Fischextrakt)
½ l Hühnerbrühe
1 Blättchen Djeruk purut
1 Blättchen Salam
50 g Santen (Kokosfett, vom Block)
2 TL Gula djawa (Javazucker)
1 EL feingehackte Petersilie

1. Das Hähnchen in vier oder acht Stücke zerteilen, diese kurz unter kaltem Wasser abspülen und trocken tupfen.
2. Asem mit 3 Eßlöffel Wasser verrühren, mit Salz und Pfeffer abschmecken und die Hähnchenstücke damit einreiben. Mindestens eine Stunde einziehen lassen.
3. Die Hähnchenstücke trocken tupfen. Das Öl in einem Wok oder einer Bratpfanne erhitzen und das Fleisch portionsweise schnell goldbraun braten. Aus dem Wok nehmen und warm halten. Zurückschalten.
4. Zwiebeln und Knoblauch schälen und fein schneiden. Den Porree säubern und in Ringe schneiden.
5. In einem Mörser die Kemiri-Nüsse fein zerstoßen (oder in einem Mixer fein mahlen). Zwiebel, Knoblauch, Porree, Ketumbar, Djintan, Laos, Kurkuma, Seré und Trasi zufügen und alles zu einer glatten Masse verarbeiten.
6. Das Öl im Wok wieder erhitzen, nach Wunsch noch etwas Öl zufügen und darin den Gewürzbrei schnell goldbraun braten.
7. Die Brühe dazugeben, die Hähnchenstücke mit den Blättchen Djeruk purut und Salam hineinlegen und alles unter ständigem Rühren zum Kochen bringen.
8. Das Hühnerfleisch bei mäßiger Hitze in ca. 40 Minuten gar werden lassen. Santen und Gula djawa in 1 dl heißem Wasser auflösen und die Lösung in den letzten fünf Kochminuten zufügen.
9. Die Hähnchenstücke aus dem Wok nehmen und warm halten. Die Soße etwas einkochen lassen. Das Gericht auf einer vorgewärmten Schale servieren, mit feingehackter Petersilie garniert. Man ißt trocken gekochten Reis oder chinesische Nudeln dazu.

Ayam semur

Indonesisches gedünstetes Hähnchen mit Tomaten

1 Brathähnchen, ca. 1 kg schwer
1 EL Mehl
1 TL Salz
1 TL Pfeffer
1 TL Piment
6 EL Sonnenblumen- oder Sojaöl
2 mittelgroße Zwiebeln
3–4 Knoblauchzehen
1 spanische Pfefferschote
2 dl Hühnerbrühe
1 TL Laospuder
1 TL Serépuder
1 TL Ingwerpuder
4 EL Ketjap
1 EL Asem (aus dem Glas)
4 Tomaten

1. Das Hähnchen in vier oder acht Stücke zerteilen und diese unter kaltem Wasser kurz abspülen, dann trocken tupfen und mit einem Gemisch aus Mehl, Salz, Pfeffer und Piment bestreuen. Mindestens eine Stunde zugedeckt einziehen lassen.
2. Das Öl in einem Wok oder einer Bratpfanne erhitzen und die Hähnchenstücke darin portionsweise schnell von allen Seiten goldbraun braten. Aus dem Wok nehmen und warm halten. Hitze zurückschalten.
3. Zwiebeln und Knoblauch schälen und fein schneiden. Die Pfefferschote waschen, aufschneiden, Samen entfernen, die Schote fein hacken.
4. Öl wieder erhitzen. Zwiebel, Knoblauch und Pfefferschote darin in drei Minuten goldgelb braten. Brühe zufügen und kurz durchrühren.
5. Nun Laos, Seré, Ingwer und Ketjap dazugeben, nochmals rühren und die Hähnchenstücke hineinlegen.
6. Asem mit 3 Eßlöffel Wasser glattrühren und in die Brühe geben. Die Hähnchenstücke ca. 40 Minuten bei niedriger Hitze dünsten, bis das Fleisch zart und gar ist.
7. Die Tomaten waschen und in Viertel schneiden. In den letzten 30 Minuten zufügen.
8. Das Gericht in eine vorgewärmte Schüssel geben und mit gekochtem oder kurz aufgebratenem Reis servieren.

Bebèk bumbu bali (Indonesien)

Balinesische Ente

1 junge Ente, ca. 1,2 kg schwer
2 EL Mehl
1,5 TL Salz, 1 TL Pfeffer
6–7 EL Sonnenblumenöl
3 mittelgroße Zwiebeln
5 Knoblauchzehen
2 Stangen Porree
1 EL Sambal trasi
1,5 TL Laospuder
1,5 TL Kurkuma
1 TL Kentjurpuder
2 TL Serépuder
6–8 Kemiri-Nüsse
4 dl Hühnerbrühe
2 Blättchen Salam
3–4 Blättchen Djeruk purut
5 EL Ketjap asin

1. Die Ente in acht Stücke zerteilen, die Stücke unter kaltem Wasser kurz abspülen und trocken tupfen.
2. Mehl, Salz sowie frisch gemahlenen Pfeffer vermengen und die Entenstücke damit gründlich einreiben.
3. Das Öl in einem Wok oder einer Bratpfanne erhitzen und die Entenstücke darin portionsweise schnell von allen Seiten goldbraun braten. Herausnehmen und warm halten. Hitze zurückschalten.
4. Zwiebeln und Knoblauch schälen und beide fein schneiden. Den Porree säubern und in dünne Ringe schneiden.
5. Die gehackten Zwiebeln mit dem Knoblauch und dem Porree in einen Mixer geben, Sambal, Laos, Kurkuma, Kentjur und Seré sowie die zerkleinerten Kemiri-Nüsse zufügen und mixen.
6. Diese Gewürzmischung in dem wieder erhitzten Öl (eventuell noch etwas Öl dazugeben) anbraten und mit der Brühe ablöschen.
7. Gut durchrühren, die Entenstücke mit den Blättchen Salam und Djeruk purut hineinlegen und Ketjap dazugeben.
8. Bei geschlossenem Deckel auf mäßiger Hitze in ca. 50 Minuten garen.
9. Das Entengericht in eine tiefe Schüssel geben und mit Sambal goreng aus jungen Erbsenschoten oder Bohnen servieren.

Nasi kuning *(Indonesien)*

Gelber Reis

300 g langkörniger Reis
ca. 50 g Santen (Kokosfett, vom Block)
1 EL Kurkuma
1 Halm Seré oder 1,5 TL Serépuder
2 Lorbeerblätter, 1 kleine Zwiebel
1 Brühwürfel (Fleisch- oder Hühnerbrühe)
Abon (kleine Tüte, siehe „Tip")
geröstete Zwiebeln (kleine Tüte)
¼ grüne Gurke
1 EL gehacktes Sellerieblatt
1 EL gehackte Petersilie

Tip
Abon ist zerkrümeltes, getrocknetes Fleisch, pikant, etwas süß, und schmeckt sehr gut zu Reisgerichten. Dengdeng, Abon und andere Beilagen sind fertig erhältlich in asiatischen Geschäften.

1. Den Reis waschen, bis klares Wasser abläuft, und in einem großen Topf mit 1 l Wasser zum Kochen bringen.
2. Santen zerbröckeln und mit Kurkuma, Seré, Lorbeer und der halbierten Zwiebel dazugeben. Brühwürfel darüber zerkrümeln, gut durchrühren.
3. Den Reis zugedeckt ca. zehn Minuten kochen lassen, dabei ab und zu umrühren. Den Reis dann abgießen, Seré, Lorbeer und Zwiebel entfernen.
4. Den Reis in einem Dämpfer in ca. 20 Minuten gar dämpfen und anschließend in eine vorgewärmte Schüssel geben.
5. Abon und geröstete Zwiebeln darüberstreuen und mit Gurkenscheiben, Sellerie und Petersilie garnieren, nach Wunsch auch mit Streifen von gekochtem Schinken und Omelett.

Tip
Als Beilage zu Nasi kuning servieren Sie Serundeng Katjang (ein geröstetes Gemisch aus geraspelter Kokosnuß und Erdnüssen), ein Sambalgoreng-Gericht nach Wahl, Dengdeng (hauchdünne Scheiben von getrocknetem, gesüßtem Fleisch), Saté, Frikadellen, eine der Atjar-Sorten aus dem Glas (süß-sauer eingemachtes Gemüse, fertig zu kaufen) usw.

Nasi kebuli *(Indonesien)*

400 g Reis
1–1,5 TL Salz
1 mittelgroße Zwiebel
2–3 Knoblauchzehen
½ TL gemahlene Gewürznelken oder
2 Gewürznelken
½ TL geriebene Muskatnuß
½ TL Zimtpulver
6 EL Sonnenblumen- oder Sojaöl

Tip
Nasi kebuli schmeckt gut zu Abon oder Fisch, zu Saté aus Schweine- oder Ziegenfleisch (s. Seite 21), zu erfrischendem Atjar (aus dem Glas oder selbst zubereitet) oder zu Gado gado (s. Seite 48).

1. Den Reis einige Male waschen, bis das Wasser klar abläuft, dann in 1,5 l Wasser mit Salz langsam zum Kochen bringen.
2. Zwiebel und Knoblauch schälen und fein hacken, in einem Mörser mit Gewürznelken, Muskatnuß und Zimt zu einem glatten Brei zerstoßen.
3. In einem Wok oder einer Bratpfanne mit dickem Boden das Öl erhitzen und darin den Gewürzbrei kurz anbraten, bis die Zwiebel goldgelb ist.
4. Einen Eßlöffel Wasser in diese Gewürzmasse rühren und den Brei in den Topf mit Reis geben.
5. Die Hitze unter dem Reis zurückschalten, sobald das Wasser anfängt zu sieden, dann etwa zehn Minuten am Siedepunkt halten.
6. Den Reis in einen Reisdämpfer geben, in ca. 20 Minuten garen.

Nasi goreng spezial *(China, Indonesien)*

300 g langkörniger Reis
250 g mageres Schweinefleisch
Pfeffer
6 mittelgroße Eier
Salz
2–3 EL Butter oder Margarine
2 mittelgroße Zwiebeln
3–4 Knoblauchzehen
1 TL Trasi
2 TL Sambal ulek oder badjak
4 EL Sonnenblumen- oder Maisöl
4 EL Ketjap manis
3 EL Brühe
2 TL Ketumbar (Koriander)
2 TL Djintan (Kreuzkümmel)
1 TL Laospuder
100 g gekochter Schinken
2 Tomaten
4 Saté-Spieße (siehe Seite 21)
geröstete Zwiebeln (fertig gekauft)
einige Salatblätter
Petersilie
Krupuk

Tip
Als Beilagen noch kleine Schälchen mit Sambal und Ketjap mit den dazugehörenden Löffeln auf den Tisch stellen. Dann kann jeder, der es noch pikanter möchte, nach Belieben zugreifen. Als Getränke passen zu Nasi sowohl ein kühles Glas Pils, gekühlter trockener Weißwein als auch einfach indonesischer oder chinesischer Tee.

Nasi rames
Nasi rames ist in der Regel Nasi goreng mit folgenden Beilagen: Sayur lodé, Atjar, Sambal goreng aus Bohnen, Eiern usw., Hühner- oder Rindfleischgerichte, Saté, Krupuk und geröstete Zwiebeln. Bereiten Sie also Nasi goreng und suchen Sie im Register die Beilagen Ihrer Wahl.

1. Den Reis gar kochen und vollständig abkühlen lassen.
2. Das Fleisch in schmale Streifen schneiden, frisch gemahlenen Pfeffer daraufstreuen und 15 Minuten einziehen lassen.
3. Zwei Eier mit ca. 1 Eßlöffel Wasser sowie etwas Salz verquirlen und daraus in etwas Butter zwei dünne Omeletts bereiten. Die Omeletts in ganz schmale Streifen schneiden und beiseite stellen.
4. Zwiebel und Knoblauch schälen und beide fein hacken. Trasi zerkrümeln und mit dem Sambal unter die gehackten Zwiebeln rühren. In einem großen Wok Öl erhitzen und die Zwiebelmasse darin unter ständigem Umrühren braten.
5. Das Schweinefleisch in den Wok geben und eine Minute rühr-braten, bis das Fleisch von allen Seiten hellbraun ist.
6. Nun Ketjap und Brühe zufügen, dann Ketumbar, Djintan und Laos. Mit geschlossenem Deckel auf niedriger Hitze ca. fünf Minuten dünsten, bis das Fleisch gar ist.
7. Den Reis zum Fleisch in den Wok geben und die Masse gut durchrühren. Den Deckel schließen und alles ca. sieben Minuten bei mäßiger Hitze warm werden lassen; ab und zu umrühren.
8. Den Schinken in schmale Streifen schneiden und inzwischen vier Spiegeleier bereiten. Die Tomaten waschen und in Achtel schneiden.
9. Nach Wunsch die Saté unter dem Grill oder im Ofen aufwärmen. Den Nasi entweder gleich auf Teller oder in eine große flache Schale füllen.
10. Die Saté-Spieße auf die Teller verteilen, ein Spiegelei auf den Nasi legen, Schinkenstreifen und Ei sowie die gerösteten Zwiebeln daraufgeben.
11. Mit einem Salatblatt, Tomatenachtel, Petersilie und Krupuk garnieren.

Variante
Dieses Rezept ist eine reichhaltigere Form des einfachen Nasi, den Sie mit weniger Zutaten zubereiten können. Lassen Sie dann Spiegeleier und Saté weg und vielleicht auch den gekochten Schinken und das Omelett. Dann macht es viel weniger Arbeit.
Von alters her war Nasi goreng in Indonesien nichts anderes als übriggebliebener gekochter Reis, der mit Zwiebel und einem Gemüserest aufgebraten wurde. Ein wenig Ketjap dazu, und fertig war das Gericht. Häufig wurde der Nasi in Ermangelung von Fleisch oder Fisch ohne Beilagen gegessen. Manchmal gab man getrocknete Fischchen in den Reis; Fleisch war meistens schwierig zu bekommen und darum zu teuer für viele.
Die Anwesenheit der Niederländer brachte dann schnell Veränderung in das einfache Gericht. Bald wurde das Originalrezept erweitert zu dem, was jetzt seit Jahrzehnten im Restaurant und zu Hause unter der Bezeichnung Nasi goreng auf den Tisch gebracht wird.

Eine beliebte Mahlzeit, die sich leicht zu Hause zubereiten läßt: Nasi goreng spezial

Nasi gurih *(Indonesien)*

Gewürzter Reis aus Sumatra

400 g langkörniger Reis
1 TL Salz
2 Blättchen Salam
1 mittelgroße Zwiebel
2 Knoblauchzehen
½ TL Ketumbar (Koriander)
½ TL Djintan (Kreuzkümmel)
½ TL Laospuder
2–2,5 EL Santen (Kokosfett, zerkrümelt
vom Block)

1. Den Reis gründlich waschen, bis das Wasser klar abläuft, dann in einen Topf mit 7,5 dl Wasser, Salz und Salam geben und zum Kochen bringen, dabei ab und zu umrühren.
2. Zwiebel und Knoblauch schälen, sehr fein hacken und mit Ketumbar, Djintan, Laos und Santen in den Reistopf geben.
3. Wenn das Wasser anfängt zu sieden, die Hitze zurückschalten und den Reis noch zehn Minuten kochen.
4. Abgießen und in einen Dämpfer geben. Etwa 15 Minuten garen.
5. Diesen würzigen, nach Kokos duftenden Reis in einer vorgewärmten Schüssel servieren.

Tip
Sambal goreng telor (siehe Seite 52) mit Gado gado (siehe Seite 48) passen gut zu diesem Reisgericht.

Ketan

Indonesischer Klebreis

400 g Ketan (Klebreis)
25 g Santen (Kokosfett, vom Block)
1 TL Salz, 1 Blättchen Salam

Variante
Aus Klebreis werden auch Süßspeisen zubereitet, worin dann z. B. Gula djawa (Javazucker) verarbeitet wird.

1. Den Reis ein- oder zweimal waschen, das Wasser braucht nicht klar zu sein. Den Reis in 1,5 l Wasser in einem Topf mit dickem Boden aufsetzen, Santen, Salz und Salam zufügen.
2. Den Klebreis ca. zehn Minuten kochen, danach abgießen und in einen Dämpfer geben. In etwa 20 Minuten gar dämpfen.
3. Dieses Gericht mit trocken gerösteten Beilagen servieren, z. B. Serundeng, Abon (hauchdünne Stückchen Fleisch oder Garnelen, gewürzt und getrocknet), Krupuk. Auch ein gebundenes Gemüsegericht paßt gut.

Lontong *(Indonesien)*

Gepreßter Reis

400 g gebrochener Reis
50 g Ketan (Klebreis)
1 TL Salz

Tip
Lontong ist eine schmackhafte Beilage zu Sayur lodé (siehe Seite 42) oder Gado gado mit Erdnußsoße (siehe Seite 48) sowie zu Soto ayam (siehe Seite 30).

1. Den Reis und den Klebreis einige Male waschen und zusammen in 1,5 l Wasser mit Salz zum Kochen bringen.
2. Sobald das Wasser siedet, die Hitze zurückschalten.
3. Reis quellen und garen lassen, bis die Körner auseinanderfallen.
4. Danach den Reis in eine flache Form geben, etwa eine Pizzaform oder eine flache feuerfeste Schale.
5. Den Reis fest in die Form drücken und die Oberfläche mit einem Spachtel glattstreichen, dann auf Zimmertemperatur abkühlen lassen. Den Reis abgedeckt noch eine Stunde in den Kühlschrank stellen.
6. Diesen Reiskuchen in Quadrate von 3 × 3 cm oder in Rechtecke von 2 × 4 cm schneiden, 1–1,5 cm dick.

Wer nicht selbst Lontong zubereiten will, kann sich ausgezeichnet mit dem vorbereiteten, in Plastikbeuteln erhältlichen Lontong behelfen. Es gibt Lontong in fast jedem asiatischen Geschäft zu kaufen. Diese Beutel brauchen Sie nur zu dämpfen, bis der Reis warm ist. Das dauert etwa 15 Minuten, dann können Sie den Beutel entfernen. Sie können ihn auch gleich entfernen und den Reis mit Alufolie bedeckt in den Dämpfer legen. Außerdem können Sie auch eigens für Lontong vorverpackten Reis verwenden. Kochen Sie den Reis in reichlich Wasser mit Salz in etwa einer Stunde und 15 Minuten gar. Lassen Sie auch diesen Reis abkühlen, bevor Sie ihn in Quadrate oder Rechtecke schneiden.

Einfacher Reis nach der Rühr-Brat-Methode *(China, Indonesien)*

400–450 g gekochter Reis
3 Krautschalotten oder Frühlingszwiebeln
1 Knoblauchzehe
1 EL geraspelte Ingwerwurzel
1 dünne Stange Porree
3–4 EL Mais- oder Sonnenblumenöl
2 kleine Eier
1 EL Milch
Salz
½ TL Pfeffer
1 EL dunkle Sojasoße
½ EL helle Sojasoße
1 EL Hühnerbrühe

1. Den Reis waschen, bis das Wasser klar abläuft, dann einige Stunden vor Gebrauch kochen und dämpfen, damit er vollständig abkühlen kann. Danach die Reiskörner mit einer Gabel lockern, so daß der Reis, ohne zu kleben, gebraten werden kann.
2. Die Krautschalotten schälen, das Grüne und das Weiße gesondert hacken. Die geschälte Knoblauchzehe fein hacken.
3. Von der geschälten Ingwerwurzel so viel abraspeln, bis 1 Eßlöffel voll ist. Den Porree säubern und in feine Ringe schneiden.
4. Einen Wok auf großer Flamme trocken erhitzen, das Öl über die Ränder eingießen und darin das Weiße der Schalotten, Knoblauch und Porree goldgelb braten. Den Ingwer zufügen und noch ½ Minute rühr-braten.
5. Die Eier mit der Milch, etwas Salz und dem frisch gemahlenen Pfeffer verquirlen und unter ständigem Umrühren zufügen.
6. Den Reis portionsweise zugeben und bei mäßiger Hitze rühr-braten, bis der Reis durch und durch warm geworden ist.
7. Mit den beiden Sojasoßen abschmecken und die Brühe zugeben, damit das Gericht nicht zu trocken wird.
8. Den Reis in eine tiefe Schüssel füllen und das gehackte Schalottengrün darüberstreuen.

Tip
Wenn Sie für eine andere Mahlzeit sowieso Reis kochen wollen, können Sie für dieses Gericht die nötige Menge gleich mitkochen. Dann brauchen Sie insgesamt 800 g rohen Reis, wovon Sie die Hälfte in aller Ruhe abkühlen lassen; sie wird später verarbeitet wie oben beschrieben.
Zu diesem Reisgericht können Sie jedes beliebige (nach der Rühr-Brat-Methode zubereitete) Gemüse servieren, in das Sie vielleicht auch noch dünne Fleischscheiben und geschälte Garnelen gegeben haben. Dann zaubern Sie im Handumdrehen eine chinesische Mahlzeit auf den Tisch, die jedem schmecken wird.

So ya fan (China)

ca. 500 g Blattgemüse (Paksoi, Amsoi, Chinakohl
oder Endiviengemüse)
4 Hühnerkeulen
4 kleine Schweinekarbonaden
1–2 EL Mehl
Salz
1 TL Pfeffer
1 dl Mais- oder Sonnenblumenöl
2 mittelgroße Zwiebeln oder 4 Schalotten
3 Knoblauchzehen
1 dünne Stange Porree
2 dl Hühner- oder Fleischbrühe
2 EL helle Sojasoße
1 EL dunkle Sojasoße
1 EL Hoisinsoße
2 EL Tomatenketchup oder 1 EL Tomatenpüree
2 EL trockener Weißwein oder Sherry Medium Dry
1 EL Kartoffelmehl oder Maizena
gekochter Reis
1 Tomate
krause Petersilie

1. Das Gemüse säubern, den Stielansatz der Blätter entfernen und das gewaschene Gemüse grob in Stücke von ca. 10 cm schneiden.
2. Reichlich Wasser zum Kochen bringen und das Gemüse darin drei Minuten blanchieren; herausnehmen, abtropfen lassen, warm halten.
3. Hühnerkeulen und Karbonaden kurz unter kaltem Wasser abspülen, trocken tupfen und mit Mehl, Salz und Pfeffer einreiben.
4. Das Öl in einem Wok oder einer Bratpfanne erhitzen und die Hühnerkeulen und Karbonaden nacheinander auf allen Seiten in einigen Minuten schnell goldbraun braten.
5. Das Fleisch aus dem Wok nehmen und auf einem Durchschlag abtropfen lassen. Die Hitze zurückschalten.
6. Zwiebeln und Knoblauch schälen und fein hacken. Den Porree waschen und in dünne Ringe schneiden. Das Öl wieder erhitzen und darin Zwiebeln, Knoblauch und Porree in zwei Minuten goldgelb braten.
7. Die Hühnerkeulen und Karbonaden wieder in den Wok geben, die Brühe dazugießen, beide Sojasoßen, Hoisinsoße, Tomatenketchup und Wein zufügen; alles mit geschlossenem Deckel acht bis zehn Minuten bei niedriger Hitze dünsten, bis Keulen und Karbonaden gar sind.
8. Die Hühnerkeulen und Karbonaden aus dem Wok nehmen und warm halten. Das Kartoffelmehl mit 2 Eßlöffel Wasser verrühren und zum Kochsaft geben, dabei rühren, bis die Soße leicht gebunden ist. Wenn nötig, mit Salz und Pfeffer abschmecken.
9. Vier vorgewärmte Teller mit dem blanchierten Gemüse auslegen, die Hühnerkeulen und Karbonaden darauf verteilen und einige Eßlöffel Soße über Fleisch und Gemüse schöpfen.
10. Auf jeden Teller einige Löffel gekochten Reis geben und mit einer Scheibe Tomate sowie mit Petersilie garnieren. Das Gericht sofort servieren und dazu kühlen Wein oder chinesischen grünen Tee.

Die chinesische Reistafel
Eigentlich gibt es gar keine chinesische Reistafel. Diese Bezeichnung ist auf die indische Reistafel zurückzuführen, die seit Jahren in Westeuropa bekannt ist. In China selbst ist man daran gewöhnt, eine Anzahl Gemüsegerichte, Fleisch und/oder Fisch oder gemischte Gerichte gleichzeitig mit Reis oder Mie (Nudeln) auf den Tisch zu bringen. Analog zur indischen Tradition haben die Restaurants eine derartige Mahlzeit dann auch als chinesische Reistafel bezeichnet. Sie umfaßt beispielsweise eine Suppe (Hühnerbrühe oder Haifischflossensuppe), ein Vorgericht (Pangsit goreng oder Wantans mit pikanter Soße oder kleine chinesische Frühlingsrollen), dann Fu yong hai, Tjap tjoy, chinesische Garnelen in Teig (Ku lu ha), Huhn mit Mais und Mandeln und Cha siu (fritiertes und rotgedünstetes Schweinefleisch). Das ist ungefähr, was Sie von einer durchschnittlichen chinesi-

Variante
So ya fan ist ein chinesisches Gericht, das in fast jedem Restaurant auf der Speisekarte steht und von dem es allerlei Varianten gibt. Anstatt Hühnerfleisch und Karbonaden können Sie auch einige große Garnelen nehmen oder Saté-Spieße dazu servieren.

Die chinesisch-indonesische Küche kennt keine Grenzen. Auf der ganzen Erde genießt man diese herrlichen Mahlzeiten. Alle Gerichte kommen gleichzeitig auf den Tisch, so daß jeder sich nach Belieben bedienen kann. Oben: eine indonesische Reistafel, rechts: eine chinesische Reistafel, wie sie häufig in Restaurants serviert werden.

Vorschlag für eine Reistafel aus vier Gerichten:
Saté aus Schweinefleisch, Seite 21
Sayur lodé, Seite 42
Babi ketjap, Seite 75
Sambal goreng telur, Seite 52.

Sie können die Reistafel erweitern mit:
Babi panggang, Seite 78
Sayur tumis aus jungen Erbsenschoten, Seite 42
Ayam semur, Seite 86
Ikan bumbu bali, Seite 66
Sambal goreng tahu, Seite 53
und mit verschiedenen Atjars, selbst zubereitet oder aus dem Glas.

Als Getränk servieren Sie dazu kaltes Bier, Mineralwasser oder eine Kanne Tee.

schen Reistafel erwarten dürfen. Aber es versteht sich von selbst, daß diese auch zwölf bis zwanzig Gerichte umfassen kann. Die Rezepte der genannten Speisen finden Sie im Register auf Seite 127/128 und in den entsprechenden Kapiteln.

Die indonesische Reistafel

Für die indonesische Reistafel gilt eigentlich dasselbe: Stellen Sie eine große Schüssel Reis auf den Tisch und setzen Sie darum herum kleine Schälchen mit den sehr verschiedenen Beilage-Gerichten. Die Beilagen brauchen nicht in großen Mengen zubereitet zu werden. Was die chinesisch-indonesische Küche Ihnen bieten kann, ist von Restaurant zu Restaurant sehr verschieden. Eine kleine Reistafel von sechs Gerichten ist jedoch gebräuchlich. Eine ganz große Reistafel besteht manchmal aus mehr als zwanzig Speisen.

Wenn Sie noch nicht so viel Erfahrung mit der chinesisch-indonesischen Küche haben, ist es besser, wenn Sie vier sorgfältig zubereitete Gerichte servieren als zehn, die Sie mehr oder weniger schnell gekocht haben, in der Hoffnung, daß etwas davon schon gelingen werde.

Bei Tisch ist es ratsam, zuerst etwas Reis auf den Teller zu nehmen. Dazu geben Sie dann etwas von zwei nicht sehr pikanten Gerichten mit etwas Serundeng, Krupuk, vielleicht noch mit einem Saté-Spieß oder einer Hühnerkeule. Halten Sie die Gerichte auf dem Teller getrennt voneinander; das kommt den spezifischen Geschmacksrichtungen der verschiedenen Gerichte ganz bestimmt zugute.

Servieren Sie alle Bestandteile der Reistafel gesondert in Schälchen; Sambals und Ketjaps zum Beispiel wegen der Flüssigkeit in tieferen Gefäßen; und stellen Sie alles rund um die Reisschüssel.

Bami goreng spezial, aus Indonesien

250 g dünne Eiermie (Eier-Fadennudeln)
7 EL Sonnenblumen- oder Sojaöl
4 Hühnerkeulen
250 g Schweinefrikandeau
100 g geschälte Garnelen
2 mittelgroße Eier
Salz, Pfeffer
1 EL Butter
2 mittelgroße Zwiebeln
3 Knoblauchzehen
100 g Champignons
1 dünne Stange Porree
2 TL Sambal ulek oder djeruk
1 TL Trasi (Fischextrakt)
3–4 EL Ketjap asin
2 EL Brühe
1 TL Djintan (Kreuzkümmel)
1 TL Ketumbar (Koriander)
1 TL Serépuder
125 g gekochter Schinken
4 Eier
2 EL Butter oder Margarine
2 Tomaten
4 Saté-Spieße (siehe Seite 21)
Krupuk
2 EL feingehackte Petersilie
geröstete Zwiebeln

Tip
Auch Bami goreng kann weniger reichhaltig serviert werden, als hier beschrieben ist. Lassen Sie dann z. B. die Garnelen weg. Nehmen Sie nur Fleisch, dann brauchen Sie etwas mehr: 300 bis 500 Gramm. Auch auf die Spiegeleier und evtl. auf die Saté-Spieße kann verzichtet werden.

1. Die Nudeln nach Anweisung auf der Verpackung „mit Biß" kochen, kurz unter kaltem Wasser abspülen und in eine vorgewärmte Schüssel geben.
2. In 3 Eßlöffel heißem Öl die Hühnerkeulen goldbraun anbraten, dann von beiden Seiten ca. sechs Minuten schmoren lassen, danach warm halten.
3. Das Frikandeau quer zu den Fleischfasern in sehr dünne Scheiben schneiden. Die Garnelen kontrollieren.
4. Zwei Eier mit etwas Wasser, Salz und Pfeffer verquirlen und daraus in Butter zwei sehr dünne Omeletts backen. Diese in ganz feine Streifen schneiden und beiseite stellen.
5. Zwiebeln und Knoblauch schälen und fein hacken. Die Champignons gründlich säubern und in Scheiben schneiden. Den Porree säubern und in Streifen von 1 cm schneiden.
6. In einem großen Wok die übrigen 4 Eßlöffel Öl erhitzen und darin die Zwiebeln mit Knoblauch goldgelb braten, den Porree zufügen, Sambal und Trasi einrühren, die Champignons in den Wok geben und alles zwei Minuten rühr-braten.
7. Das Schweinefleisch zufügen und 1 bis 2 Minuten rühr-braten, bis es sich verfärbt; die Garnelen zufügen und noch eine Minute rühr-braten.
8. Ketjap und Brühe einrühren, das Gericht mit Djintan, Ketumbar und Seré bestreuen, mit Pfeffer und Salz abschmecken.
9. Die Nudeln mit dieser würzigen Masse vermengen und alles auf niedrigem Feuer durch und durch erwärmen, dabei ab und zu umrühren.
10. Den Schinken in sehr feine Streifen schneiden. Inzwischen in etwas Butter vier Spiegeleier bereiten. Die gewaschenen Tomaten in Achtel oder Scheiben schneiden.
11. Die Saté (und eventuell die Hühnerkeulen) unter dem Grill oder im Backofen erwärmen. Den Bami entweder gleich auf Teller geben oder in einer großen, tiefen Schüssel servieren.
12. Saté, Hühnerkeulen und Spiegeleier portionsweise verteilen, mit Petersilie und gerösteten Zwiebeln garnieren, mit Tomatenachteln, Schinken- und Omelettstreifen sowie Krupuk servieren.

Tip
Genau wie beim Nasi goreng spezial (siehe Seite 88) stellen Sie auch beim Bami Schälchen mit Ketjap und Sambal auf den Tisch, dazu süß-saure Zwiebeln, Gurken oder Atjar. Vielleicht bereiten Sie Atjar auch selbst, z. B. aus grünen Gurken.

Bami goreng spezial, auf indonesische Art, eignet sich ausgezeichnet für eine größere Gesellschaft.

Mihun mit Hühnerfilet und Gemüse (China)

6 chinesische Champignons
250 g Mihun (sehr feine Reis-Fadennudeln)
250 g Hühnerfilet
1 Eiweiß
Salz
½ TL frisch gemahlener Pfeffer
2 mittelgroße Zwiebeln
3 Knoblauchzehen
2–3 TL feingehackte Ingwerwurzel
4 EL Sonnenblumenöl
2 Selleriestangen
50 g von einer Möhre
100 g Bambussprossen (aus der Dose)
50 g Bohnenkeime
1 dl Hühnerbrühe
1 EL helle Sojasoße
½ EL dunkle Sojasoße
1 EL Hoisinsoße
1 EL feingehackte Petersilie

1. Die Champignons 40 bis 45 Minuten in so viel lauwarmem Wasser einweichen, daß sie bedeckt sind; dann die Stiele entfernen und die Hütchen nach Wunsch einmal oder mehrere Male durchschneiden. Das Einweichwasser aufheben.
2. Die Reis-Fadennudeln gemäß den Anweisungen auf der Verpackung „mit Biß" kochen, kurz unter kaltem Wasser abspülen und in eine vorgewärmte Schüssel geben.
3. Das Hühnerfilet quer zu den Fleischfasern in Stücke oder Scheiben schneiden. Das Eiweiß mit Salz und Pfeffer verquirlen, das Fleisch hineingeben und 15 Minuten ziehen lassen.
4. Zwiebeln und Knoblauch schälen und sehr fein hacken. Die benötigte Menge von der geschälten Ingwerwurzel hacken oder raspeln. Einen Wok erst trocken erhitzen, dann das Öl über die Ränder eingießen.
5. Zwiebeln und Knoblauch goldgelb braten, den Ingwer zufügen und anschließend das Hühnerfilet dann ca. zwei Minuten rühr-braten.
6. Die Selleriestengel waschen. Die Möhre und die Bambussprossen in dünne Streifen, die Selleriestengel in schräge Stücke schneiden. Die Bohnenkeime waschen. Das gesamte Gemüse, die Brühe, die beiden Sojasoßen und die Hoisinsoße in den Wok geben.
7. Die Pilze mit 3 Eßlöffel Einweichwasser hinzufügen, den Deckel auf den Wok legen und bei niedriger Hitze alles ca. fünf Minuten dünsten.
8. Die Reisnudeln unter das Gemüse-Fleisch-Gemisch geben und alles ca. fünf Minuten erwärmen, bis die Nudeln durch und durch warm sind.
9. Das Gericht in eine vorgewärmte Schüssel geben und mit der Petersilie bestreuen.

Tip
Mihun ist eine sehr feine, manchmal transparente Nudelsorte aus Reismehl. Diese sehr dünnen Fäden werden gebündelt und in Folie verpackt verkauft. In China ißt man sie regelmäßig. Nudeln aus Reismehl sind leicht verdaulich, und mit ein wenig Gemüse, etwas Hühner-, Rind- oder Schweinefleisch und/oder Garnelen haben Sie verhältnismäßig schnell eine Mahlzeit auf dem Tisch, wenn die Zutatenliste Ihnen auch vielleicht den Eindruck einer ziemlich umständlichen und langwierigen Zubereitung vermittelt. Daß dies gerade bei Gerichten mit Zubereitung nach der Rühr-Brat-Methode nicht so ist, werden Sie schnell feststellen: Wenn Sie alle frischen Produkte vorher waschen, säubern und vorbereiten, erfordert die Zubereitung selbst wenig Zeit.

Mihun mit Gemüse und Hühnerfleisch ist ein leicht verdauliches Gericht.

Mihun mit Crabmeat (China)

500 g Mihun (sehr feine Reis-Fadennudeln)
ca. 250 g Crabmeat (aus der Dose)
100 g kleine Champignons
4 Krautschalotten oder Frühlingszwiebeln
3 Knoblauchzehen
2 dünne Stangen Porree
2–3 TL geraspelte Ingwerwurzel
4 EL Mais- oder Sonnenblumenöl
1,5 dl Hühnerbrühe
Salz
½–1 TL gemahlener Sichuan-Pfeffer oder
schwarzer Pfeffer
1 EL helle Sojasoße
2 EL Austern- oder Garnelensoße
1 EL Hoisinsoße
1 Tomate
4 Scheiben Zitrone

Tip
Auch dies ist ein Gericht, das Sie auf der Speisekarte in chinesischen Restaurants antreffen werden. Jetzt können Sie es, wenn Sie wollen, selbst
mit verhältnismäßig wenigen Zutaten zubereiten.
Wenn Sie erst einmal eine Flasche dunkle und eine
Flasche helle Sojasoße, eine Fischsoße oder
Pflaumensoße gekauft haben, dann kommen Sie
lange damit aus. Stellen Sie geöffnete Flaschen
oder Dosen in den Kühlschrank (Dosen am besten
in luftdicht verschließbare Gläser umfüllen), dann
bleiben sie wochen-, manchmal monatelang verwendbar. Die meisten dieser Soßen sind nämlich
aus fermentierten Bohnen oder anderen vorbe-
handelten Zutaten hergestellt. Schwarze Bohnen-
soße und gelbe Bohnenpaste gehören auch zu
dieser Kategorie.

1. Ca. 2 l Wasser in einem großen Topf zum Kochen bringen. Die Reisnudeln grob in Stücke schneiden und ins Wasser geben. Die Nudeln in
sprudelndem Wasser genau 1,5 Minuten kochen lassen, dann sind sie
gar, aber nicht zu weich. Die Nudeln in einen Durchschlag geben, einige
Sekunden unter kaltem Wasser abspülen und beiseite stellen.
2. Das Crabmeat überprüfen, Knorpel und dergleichen entfernen, und das
Fleisch mit zwei Gabeln auseinanderziehen.
3. Die Champignons gründlich säubern (große Pilze einmal durchschneiden). Von den Stielen ein Stück abschneiden. Die Champignons auf
angefeuchtetem Küchenpapier liegenlassen, dann trocknen sie weniger
schnell aus.
4. Die Krautschalotten säubern, das Grüne und das Weiße gesondert fein
schneiden. Die Knoblauchzehen schälen und fein hacken.
5. Die Porreestangen waschen, den Wurzelansatz entfernen, die Stangen
der Länge nach durchschneiden und dann in Ringe schneiden. So viel von
der geschälten Ingwerwurzel abraspeln, bis zwei Teelöffel voll sind oder
etwas mehr.
6. Einen Wok trocken erhitzen. Das Öl über die Ränder eingießen. Das
Weiße der Schalotten, Knoblauch und Porree in zwei Minuten goldgelb
braten, den Ingwer zugeben und nochmals eine Minute braten.
7. Die Champignons zufügen, zwei Minuten rühr-braten; das Crabmeat
in den Wok geben und ½ Minute rühr-braten.
8. Die Brühe in den Wok gießen und alles langsam zum Kochen kommen
lassen.
9. Die Nudeln in den Wok geben, das Ganze gut umschichten und mit
dem Salz, Sichuan-Pfeffer, Sojasoße, Austernsoße und Hoisinsoße
abschmecken.
10. Das Gericht mit der Soße in eine vorgewärmte Schüssel füllen und
mit dem zurückbehaltenen Schalottengrün bestreuen.
11. Mit Tomaten- und Zitronenscheiben oder -stücken garnieren und
sofort servieren, da dieses Gericht schnell abkühlt.

Eiermie mit Schweinefleisch und Paprika *(China)*

250 g Eiermie (Eier-Fadennudeln)
250 g mageres Schweinefleisch
½ TL Salz
½−1 TL Pfeffer
4 Krautschalotten oder Frühlingszwiebeln
2−3 Knoblauchzehen
2 dünne Stangen Porree
1 rote Paprikaschote
1 gelbe oder grüne Paprikaschote
2−3 TL geraspelte Ingwerwurzel
5 EL Sonnenblumenöl
Salz, Pfeffer
2 dl Fleisch- oder Hühnerbrühe
1 EL Sojabohnenpaste
1 EL Hoisinsoße
1 EL helle Sojasoße
1 EL Ingwersirup

1. In einem großen Topf ca. 1,5 l Wasser zum Kochen bringen. Darin die Nudeln in gut drei Minuten bißfest kochen, ab und zu umrühren. Die Nudeln dürfen vor allem nicht zu weich werden.

2. Die Nudeln abgießen, einige Sekunden unter kaltem Wasser abspülen und in eine vorgewärmte Schüssel geben.

3. Das Schweinefleisch quer zu den Fleischfasern in schräge, dünne Scheiben schneiden, danach in schmale Streifen, die gesalzen und mit Pfeffer bestreut werden.

4. Die Krautschalotten säubern, den Wurzelansatz und eventuell unschöne Blätter entfernen, das Grüne und das Weiße gesondert fein schneiden.

5. Die Knoblauchzehen schälen und über dem gehackten Weißen der Schalotten auspressen. Den Porree säubern, der Länge nach durchschneiden und fein hacken.

6. Die Paprikaschoten waschen, durchschneiden, und die Samen mit den Samenhäutchen entfernen. Das Fruchtfleisch in schmale Streifen schneiden. So viel Ingwer raspeln, daß 2 bis 3 Teelöffel voll werden.

7. Einen Wok 15 Sekunden trocken erhitzen, dann das Öl über die Ränder eingießen. Die Schalotten mit Knoblauch darin ½ Minute goldgelb rühr-braten, dann Porree und Ingwer zufügen. Noch eine Minute rühr-braten.

8. Nun das Schweinefleisch zufügen und wieder eine Minute rühr-braten. Die Paprikaschoten hineingeben und eine Minute rühr-braten.

9. Mit Salz und Pfeffer abschmecken. Brühe, Sojabohnenpaste, Hoisin-soße, Sojasoße und Ingwersirup zufügen, kurz durchrühren und den Deckel auf den Wok legen. Die Hitze zurückschalten und alles noch drei Minuten dünsten, bis das Gericht gar, jedoch nicht zu weich ist. Die Nudeln zur Fleisch-Gemüse-Mischung in den Wok geben und alles gut warm werden lassen.

10. Das Gericht in eine vorgewärmte Schüssel geben und mit dem Schalottengrün bestreuen. Sofort servieren.

Fleisch, Wild und Geflügel werden in der chinesischen Küche fast immer auf eine für uns kaum nachvollziehbare Weise portioniert. Danach legt man die Fleischstücke häufig noch in eine Marinade, bevor man mit dem Rühr-Braten, Braten oder Fritieren anfängt.

Chow Mien Mie *(China)*

mit chinesischen Garnelen und Brokkoli

250 g Eiermie (Eier-Fadennudeln)
8 große chinesische Garnelen (tiefgekühlt)

Für die Marinade:
1 Eiweiß
2 TL Maizena, Salz
½ TL gemahlener Sichuan-Pfeffer oder
schwarzer Pfeffer
1 TL Sojasoße

250 g Brokkoli
5–6 Krautschalotten
2–3 Knoblauchzehen
1 EL geraspelte Ingwerwurzel
4–5 EL Mais- oder Sonnenblumenöl
2 dl Hühnerbrühe
2 EL trockener Weißwein oder Sherry Medium Dry
1 EL Garnelen- oder Fischsoße
(Nuoc Mam aus der Flasche)
1 EL helle Sojasoße
1 EL dunkle Sojasoße

Variante

Chow Mien können Sie in vielen Variationen auf den Speisekarten fast aller chinesischen Restaurants finden. Statt Brokkoli kann auch anderes Gemüse verwendet werden, von Paksoi bis Chinakohl oder Spinat. Chow Mien kann mit Rind- oder Schweinefleisch serviert werden, manchmal wird auch eine gebratene Hühnerkeule zugefügt, manchmal werden chinesische Champignons, Strohchampignons oder andere chinesische Pilze wie Baumohren darin verarbeitet. Dieses Rezept ist eins unter vielen.

1. In einem großen Topf 1,5 l Wasser zum Kochen bringen und darin die Eiernudeln in gut drei Minuten bißfest, jedoch nicht zu weich werden lassen; ab und zu umrühren.
2. Die Nudeln abgießen, ganz kurz unter kaltem Wasser abspülen und in eine Schüssel geben. Man kann die Nudeln auch schon vorher kochen, abkühlen lassen und erst nach dem Marinieren der Garnelen weiter verarbeiten.
3. Die tiefgekühlten Garnelen vollständig auftauen lassen (bis auf Zimmertemperatur, jedoch nicht im Mikrowellenherd), dann unter kaltem Wasser abspülen und trocken tupfen.
4. Für die Marinade: Das Eiweiß mit Maizena, Salz, Sichuan-Pfeffer und der Sojasoße verquirlen. Die Garnelen in diese Marinade geben und gut umschichten, mindestens eine Stunde ziehen lassen.
5. Danach die Garnelen aus der Marinade nehmen, trocken tupfen und bereitlegen.
6. Den Brokkoli waschen, zerteilen, Blätter von den Stengeln entfernen. Die Stengel in dünne Scheiben schneiden, die großen Röschen durchschneiden.
7. Die Krautschalotten säubern, den Wurzelansatz entfernen. Das Weiße und das Grüne gesondert fein schneiden. Die Knoblauchzehen schälen und über dem Weißen der Schalotten auspressen.
8. So viel geschälte Ingwerwurzel raspeln, bis 1 Eßlöffel voll ist. Einen Wok 15 Sekunden trocken erhitzen, dann das Öl über die Ränder eingießen. Die Schalotten mit Knoblauch zusammen mit dem Ingwer darin 1,5 Minuten braten.
9. Die in Scheiben geschnittenen Brokkolistengel zufügen und eine Minute rühr-braten. Die Garnelen zugeben und eine Minute rühr-braten. Alles mit dem Schaumlöffel aus dem Wok heben.
10. Die Brokkoliröschen in den Wok geben, eine Minute rühr-braten, dann nacheinander Brühe, Wein, Garnelensoße und beide Sojasoßen zufügen. Alles mit geschlossenem Deckel drei bis vier Minuten dünsten.
11. Die Garnelen mit den Brokkolischeiben wieder zufügen, umschichten, und nun die abgekühlten Nudeln in den Wok geben.
12. Mit geschlossenem Deckel noch etwa drei Minuten auf niedriger Hitze dünsten, bis alles durch und durch warm geworden ist. Das Gericht in eine vorgewärmte Schüssel geben und sofort servieren.

Tip

Reichen Sie als Aperitif vor dem Essen ein Gläschen angewärmten Reiswein. Während der Mahlzeit trinken Sie zu diesem Gericht entweder eine Kanne grünen Tee oder aber einen kühlen trockenen Weißwein; er schmeckt ebenfalls herrlich dazu.

Mie chinesisch, mit Hühnerleber und Wolkenohren

250 g Eiermie (Eier-Fadennudeln)
400 g Hühnerleber

Für die Marinade:
2 EL dunkle Sojasoße
1 EL helle Sojasoße
3 EL Rotwein oder Sherry Medium
1 EL Tomatenpüree
2 EL Brühe
1 TL brauner Farinzucker
1,5 TL Salz

20 g Wolkenohren (chinesische Pilzart)
8 Krautschalotten oder Frühlingszwiebeln
1–1,5 EL geraspelte Ingwerwurzel
4 Knoblauchzehen
8 EL Mais- oder Sonnenblumenöl
2 EL roter Weinessig
1,5 dl Hühnerbrühe
2 EL Weißwein oder Sherry Medium
1 EL dunkle Sojasoße
2 El fermentierte schwarze Bohnen (aus der Dose)

1. Ca. 1,5 l Wasser in einem Topf zum Kochen bringen und darin die Nudeln in gut drei Minuten bißfest werden lassen, jedoch nicht zu weich; ab und zu umrühren.

2. Die Nudeln in ein Sieb abgießen, sehr kurz unter kaltem Wasser abspülen und in eine Schüssel geben. Die Nudeln vollständig abkühlen lassen. Oder die Nudeln erst während der Einweichzeit der Wolkenohren und der Marinierzeit der Leber zubereiten.

3. Sehnen und häßliche Teile von der Leber entfernen, die Leber in einem Sieb abspülen und abtropfen lassen, dann in eine Schüssel geben.

4. Für die Marinade: Beide Sojasoßen und den Wein in ein Schälchen geben, das Tomatenpüree unterrühren. Brühe, Zucker und Salz zufügen.

5. Die Marinade über die Leber gießen, gut umschichten, so daß alles mit Marinade bedeckt ist. Die Leber etwa eine Stunde (eventuell länger) im Kühlschrank ziehen lassen.

6. Während der Marinierzeit der Leber die Wolkenohren vorbereiten. Die getrockneten Pilze erst unter lauwarmem Wasser abspülen, dann in eine Schüssel legen und so viel kochendes Wasser darübergießen, daß die Pilze bedeckt sind. 30 Minuten einweichen, bis sie anschwellen. Das Wasser abgießen und nochmals mit kochendem Wasser begießen. Erneut 20 bis 30 Minuten quellen lassen, bis sie völlig glatt aussehen. Ab und zu kochendes Wasser dazugießen. Danach das Wasser abgießen und die Pilze trocken tupfen.

7. Die Krautschalotten säubern, den Wurzelansatz entfernen, Grünes und Weißes gesondert hacken. So viel geschälte Ingwerwurzel abraspeln, bis 1 bis 1,5 Eßlöffel voll sind. Die Knoblauchzehen schälen und über dem Weißen der Schalotten auspressen.

8. Einen Wok erst 15 Sekunden trocken erhitzen, dann das Öl über die Ränder eingießen und die Knoblauchschalotten darin eine Minute goldgelb braten. Den Ingwer zufügen und nochmals ½ Minute rühr-braten.

9. Die Hühnerleber in den Wok geben und zwei Minuten rühr-braten. Dann Essig, Brühe, Wein und Sojasoße zufügen.

10. Die schwarzen Bohnen zerkleinern, dann mit etwas Wasser zu einem glatten Brei verrühren und in den Wok geben.

11. Nun die Nudeln zufügen und alles gut umschichten. Die eingeweichten Wolkenohren zufügen, den Deckel auf den Wok legen und noch fünf Minuten vorsichtig dünsten, bis alles durch und durch warm ist.

12. Das Mie-Gericht mit dem aufbewahrten Schalottengrün bestreuen und in einer vorgewärmten Schüssel servieren.

Hunkué

Indonesischer Pudding

1 Päckchen Hunkué-Mehl (120 g)
7,5 dl Wasser, 120 g Zucker
1–2 Tütchen Vanillezucker

Tip

Wenn Sie den Pudding nach obigem Rezept in einer größeren Menge zubereiten wollen, müssen Sie die Zutaten im richtigen Verhältnis zueinander verwenden. Dieses Verhältnis ist wie folgt: Hunkué-Mehl : Wasser : Zucker = 1 : 6 : 2. Bereiten Sie den Pudding anstatt mit Wasser z. B. mit gesüßter Kokosmilch oder Sirup, dann ist das Verhältnis Hunkué-Mehl : Wasser = 1 : 5. Die Zuckermenge bestimmen Sie dann selbst, abhängig vom Süßegrad der Zutaten.

1. Das Hunkué-Mehl in eine Schüssel geben und vorsichtig mit etwa der Hälfte des Wassers anrühren. Den Rest des Wassers langsam zufügen und weiterrühren, bis ein glatter Brei entstanden ist.
2. Zucker und Vanillezucker hineinstreuen und alles in einen Topf gießen.
3. Die Masse langsam unter ständigem Rühren zum Kochen bringen und anschließend fünf Minuten bei niedriger Hitze weiterköcheln lassen, bis die Masse sämig gebunden und gar ist.
4. Den Topf vom Feuer nehmen. Eine Glas- oder Porzellanschale oder eine Puddingform kalt ausspülen und die ziemlich dicke Masse hineingießen.
5. Den Pudding zunächst auf Zimmertemperatur abkühlen und steif werden lassen, danach zugedeckt noch etwa zwei Stunden in den Kühlschrank stellen. Dann ist der Pudding fest.
6. Hunkué mit einem scharfen Messer anschneiden. Das geht ganz leicht, weil der Pudding so steif geworden ist, daß er sich aus der Hand essen läßt.

Kué pisang

Indonesischer Bananenpudding

6 mittelgroße reife Bananen
2 EL Zitronensaft
120 g Hunkué-Mehl
7,5 dl dicke Kokosmilch (aus der Dose)
ca. 100 g Zucker, ½ TL Salz
1–2 Tütchen Vanillezucker

Tip

Diesen Bananenpudding können Sie wie eine Torte anschneiden und so aus der Hand essen. Lecker als Häppchen zwischendurch.

1. Die Bananen schälen und in ca. 1 cm dicke Scheiben schneiden, dann mit dem Zitronensaft beträufeln und kurz einziehen lassen.
2. Das Hunkué-Mehl in eine Schüssel geben und etwas Kokosmilch hineinrühren. Den Rest der Kokosmilch unter gleichmäßigem Rühren in einem dünnen Strahl zugießen.
3. Die Masse in einer großen, festen Kasserolle unter ständigem Rühren langsam zum Kochen bringen.
4. Den Zucker, das Salz und den Vanillezucker hineinrühren, bis aller Zucker aufgenommen ist und der Pudding sämig wird.
5. Noch fünf Minuten auf niedriger Hitze weiterköcheln lassen, bis der Pudding dick und gar ist.
6. In eine nicht zu tiefe Glasschale oder Form etwa 4 cm hoch Pudding gießen und fünf Minuten abkühlen lassen; er wird dann etwas steif.
7. Eine Lage Bananenscheiben auf den Pudding legen, eine neue Lage Pudding darübergießen und so fortfahren, bis alles verbraucht ist.
8. Den Pudding auf Zimmertemperatur abkühlen lassen, und dann zugedeckt für mindestens zwei Stunden in den Kühlschrank stellen.

Auf diesem Foto sehen Sie verschiedene indonesische Süßspeisen, Kuchen und Getränke.

Ongol ongol *(Indonesien)*

Javanischer dickflüssiger Pudding

5 EL Gula djawa (Javazucker)
Salz
5 EL Maizena
3 EL frisch geraspelte Kokosnuß oder Santen
vom Block, geraspelt

Tip
Haben Sie weder Kokosnuß noch Santen zur
Hand, dann können Sie auch dicke Kokosmilch
verwenden. In den asiatischen Geschäften gibt es
sowohl die dünne als auch die dicke Kokosmilch
zu kaufen.

1. Etwas weniger als 1 l Wasser in einer Kasserolle mit dickem Boden
zum Kochen bringen. Gula djawa hineinkrümeln und unter Rühren darin
auflösen.
2. Danach die Flüssigkeit durch ein Sieb passieren und wieder zum
Kochen bringen. Das Durchsieben ist nötig, da in Gula djawa manchmal
Stückchen enthalten sind, die sich nicht auflösen. Eine Prise Salz zufügen.
3. Das Maizena mit 8 Eßlöffel Wasser zu einem glatten Brei verrühren und
unter ständigem Rühren in den Topf geben. Rühren, bis die Flüssigkeit
dick wird.
4. Eine Glasschale kalt ausspülen und den Pudding hineingießen.
5. Den Pudding auf Zimmertemperatur abkühlen lassen, dann zugedeckt
noch zwei Stunden in den Kühlschrank stellen.
6. Vor dem Servieren frisch geraspelte Kokosnuß darüberstreuen, eventuell die Kokosnuß durch Santen, kalt vom Block geraspelt, ersetzen.

Kué talem und Kué lapis *(Indonesien)*

Für die braune Schicht:
5–6 EL Gula djawa (Javazucker)
7 EL Maizena

Für die weiße Schicht:
4 dl dicke Kokosmilch (aus der Dose)
Salz
3 EL Maizena

1. Für die braune Schicht: In einer Kasserolle mit dickem Boden 1 l Wasser
zum Kochen bringen. Gula djawa hineinkrümeln und darin auflösen. Die
Flüssigkeit dann durchsieben und erneut zum Kochen bringen.
2. Das Maizena mit 10 Eßlöffel Wasser zu einem glatten Brei verrühren
und diesen unter Rühren ins kochende Wasser gießen. Weiterrühren,
bis die Masse dicklich wird.
3. Eine Schüssel mit kaltem Wasser ausspülen und die Puddingmasse
hineingießen; abkühlen lassen.
4. Den Topf säubern oder einen anderen nehmen. Die Kokosmilch darin
mit etwas Salz langsam zum Kochen bringen.
5. Für die weiße Schicht: Das Maizena mit 4 Eßlöffel Wasser anrühren und
unter ständigem Rühren in die Kokosmilch geben. Weiterrühren, bis die
Masse gebunden ist.
6. Die weiße Puddingmasse auf die kalte braune Schicht geben und die
Oberfläche mit einem Spachtel glattstreichen.
7. Den Pudding abkühlen lassen und dann für mindestens zwei Stunden
zugedeckt in den Kühlschrank setzen.
8. Den steifen Pudding kurz vor dem Servieren in 2 cm breite Scheiben
schneiden.

Tip
Kué lapis ist ein Pudding, der auf dieselbe Weise zubereitet wird. Dazu
fügt man obigem Rezept bei Punkt 1 (für die braune Schicht) pflanzlichen
rosa Farbstoff zu und ersetzt den Gula djawa durch weißen Farinzucker

oder Kristallzucker. Je mehr Farbstoff verwendet wird, desto kräftiger wird die rosa Farbe ausfallen; die Farbstärke bestimmen Sie also selbst. In asiatischen Geschäften gibt es diese rein pflanzlichen Farbstoffe zu kaufen, sogar manchmal mit Aroma. Probieren Sie einige aus; es wirkt sehr hübsch, besonders für Kinder.

Wenn Sie einen Pudding mit abwechselnd rosa und weißen Schichten zubereiten, dann heißt dieser Pudding Kué lapis. Grünen Farbstoff verwendet man bei der Zubereitung von Bugis, das sind mit einem Gemisch aus u. a. Kokos und Gula djawa gefüllte Puddingscheiben, die einzeln in Folie verpackt angeboten werden. Sie schmecken besonders gut, erfordern jedoch einige Erfahrung, bevor man sie selbst herstellen kann. Sie werden in manchen asiatischen Läden verkauft; probieren Sie mal!

So kennt mancher von uns asiatische Läden: Mit einer außerordentlichen Auswahl an Gerichten, die gebrauchsfertig vorbereitet sind, an herzhaften und süßen Leckerbissen. Aber auch der Vorrat an Glas- und Dosenkonserven kann sich sehen lassen. China, Hongkong und Indonesien exportieren immer mehr Produkte; das macht die Bekanntschaft mit der Küche dieser Länder tagtäglich interessanter.

Kué mangkuk

Kleine gedämpfte Kuchen aus Indonesien

Siehe Foto auf Seite 106 und 107

350 g Mehl mit Backpulver
300 g brauner Farinzucker
1 Tütchen Vanillezucker
½ dl Kaffeesahne oder Vollmilch

Für das Kokosgemisch:
4 EL Kaffeesahne oder Vollmilch
50–60 g Santen (vom Block)
1 TL Salz

1. Mehl, Zucker und Vanillezucker in eine Schüssel geben und ½ dl Kaffeesahne oder Milch einrühren, bis sich alles gut vermischt hat.
2. In einer Kasserolle mit dickem Boden 4,5 dl Wasser mit 4 Eßlöffel Kaffeesahne oder Milch, Santen (zerkrümelt) und Salz langsam unter ständigem Rühren gerade bis an den Siedepunkt erhitzen. Rühren, bis keine Santenstücke mehr in der Flüssigkeit sind. Dieses Gemisch darf nicht kochen, sondern nur bis an den Siedepunkt erhitzt werden.
3. Den Topf vom Feuer nehmen, den Inhalt auf ca. 40 °C abkühlen lassen.
4. Die Santenflüssigkeit mit der Mehl-Zucker-Mischung vermengen, so daß eine homogene Masse entsteht. Rühren, bis der Teig als dickes Band vom Holzlöffel läuft.
5. Sechs oder mehr kleine Schälchen mit kaltem Wasser ausspülen, aber nicht abtrocknen, denn die Innenseite muß naß bleiben.
6. Die Schälchen zu ¾ mit dem Teig füllen und in den oberen Teil des Reisdämpfers setzen.
7. Den unteren Teil des Dämpfers mit Wasser füllen und aufsetzen. Wenn das Wasser kocht, die Schälchen mit Kué mangkok 20 Minuten dämpfen.
8. Den Dämpfer vom Feuer nehmen, die Kuchen fünf Minuten ausdampfen lassen und sie dann aus den Schälchen nehmen. Entweder weiter abkühlen lassen oder die Kuchen lauwarm essen.

Auf den nächsten beiden Seiten sind indonesische gedämpfte Kuchen (Kué mangkuk) abgebildet. Die Färbung läßt sich durch pflanzliche Farbstoffe (s. oben) erzielen.

Speckkuchen *(Indonesien)*

(Der Name weist auf das Aussehen des Kuchens hin, der durchwachsenem Speck ähnelt)

Für eine Springform mit ca. 25 cm Durchmesser

500 g weiche Butter
300 g Farinzucker
2 Tütchen Vanillezucker
12 mittelgroße Eier
150 g Mehl
Salz
3–4 TL geriebene Muskatnuß
3–4 TL Zimt
3–4 TL gemahlene Gewürznelken
3–4 TL Kardamom
4 TL gemahlener Anis
4 EL (Kaffee-)Sahne

1. In einer Schüssel die Butter mit der Hälfte des Farin- und des Vanillezuckers zu einer glatten, goldgelben Masse verrühren.
2. Die Eier aufschlagen, Dotter und Eiweiß trennen. Die Eidotter mit dem übrigen Zucker und Vanillezucker schaumig schlagen. Das Eiweiß steif schlagen.
3. Die Buttermasse in kleinen Teilen der Eigelbmasse unterrühren, bis ein vollständig glatter Teig entstanden ist.
4. Das Eiweiß vorsichtig unterheben. Das Mehl mit etwas Salz durch ein Sieb darüberstäuben. Das Ganze kurz umrühren.
5. Diesen Teig zu gleichen Teilen in zwei Schüsseln verteilen. Dem Teig in einer Schüssel Muskatnuß, Zimt, Nelken, Kardamom und Anis unterrühren, so daß sich die Masse hellbraun verfärbt. Den Ofen zehn Minuten auf ca. 130°C vorheizen.
6. Dem Teig in jeder der beiden Schüsseln 2 Eßlöffel Sahne unterrühren. Die Springform mit Butter einfetten und eine sehr dünne Schicht hellen Teig, ca. ½ cm oder weniger, in die Form gießen, so daß der Boden gerade bedeckt ist.
7. Die Springform in die Ofenmitte schieben und 8 bis 9 Minuten backen, bis die Teigschicht fast gar und braun geworden ist.
8. Die Form aus dem Ofen nehmen und die Teigschicht mit einer neuen, dunklen Schicht Teig bedecken und wieder 8 bis 9 Minuten backen.
9. Auf diese Weise fortfahren, bis der gesamte Teig verbraucht ist. Nach 5 bis 6 Schichten die Ofentemperatur auf 120°C zurückschalten.
10. Den Speckkuchen noch fünf Minuten in der Form ruhen lassen, bevor die Springform geöffnet wird. Wenn der Kuchen vollständig abgekühlt ist, schneidet man ihn in ganz dünne Scheiben (⅓ cm).

Tip
Dieser feine indonesische Kuchen schmeckt herrlich zu einer Tasse Tee oder Kaffee.
Speckkuchen wird auch häufig nach einer Reistafel als Dessert serviert.

Die Zubereitung ist bei weitem nicht so umständlich, wie man sich vorstellt. Versuchen Sie es einmal, Sie werden es nicht bereuen!

Im Kühlschrank in Folie eingewickelt hält sich Speckkuchen gut eine Woche. Einige Tage nach dem Backen ist er sogar noch schmackhafter.

Speckkuchen ist eine echte indonesische Delikatesse,
die Sie sehr gut zu Hause zubereiten können.

Roti kukus

Indonesischer gedämpfter Kuchen

Für 6–8 Personen

4 Eier
200 g weißer Farinzucker
200 g Mehl mit Backpulver
3 Tropfen Mandel- oder Zitronenessenz
Selterswasser, Salz
2 Tütchen Vanillezucker

Variante
Wenn Sie einem Teil der Eigelbmasse etwas Kakao oder pflanzliche Farbstoffe (grün, rosa) zufügen, können Sie lauter bunte Kuchen auf den Tisch zaubern, wie auf den Fotos Seite 103 und 106/107 zu sehen ist.

Tip
Für uns ist dies eine eigenartige Manier des Kuchenbackens. Aber Sie erhalten auf diese Weise wirklich einen großen, schwammartig lockeren Kuchen. Es kostet Sie verhältnismäßig wenig Zeit, denn der Teig ist im Handumdrehen fertig. Der Kuchen ist leicht verdaulich.

1. Den unteren Topf des Reisdämpfers ca. 5 cm hoch mit Wasser füllen und es zum Kochen bringen.
2. Die Eier in Eiweiß und Dotter trennen. Darauf achten, daß kein Eigelb ins Eiweiß kommt, denn dann läßt es sich nicht mehr steif schlagen.
3. Das Eigelb mit Zucker locker und sahnig schlagen, das Mehl durch ein Sieb darüberstäuben und Mandel- oder Zitronenessenz zufügen.
4. Den Teig zu einer homogenen Masse schlagen. Falls er zu dick wird, einen Schuß Selterswasser dazugeben. Der Teig soll wie ein dickes Band vom Holzlöffel fließen.
5. Das Eiweiß mit einer Prise Salz sehr steif schlagen, zuletzt den Vanillezucker zufügen.
6. Eiweiß schnell und locker unter den Teig heben; dabei nicht rühren.
7. Den oberen Topf mit einem sauberen nassen Geschirrtuch bedecken, und zwar so, daß die Tuchmitte auf der Topfmitte liegt und die Ränder überhängen. (Nicht über der Gasflamme, sonst besteht Feuergefahr.)
8. Den Teig mitten auf das Tuch geben und mit dem Spachtel ein wenig zu den Topfrändern hinstreichen.
9. Den Deckel auf den Topf legen und die überhängenden Tuchränder auf den Deckel falten, eventuell mit einer Wäscheklammer befestigen.
10. Den Roti kukus in ca. 45 Minuten gar dämpfen. Den Topf vom Feuer ziehen und das Tuch mit Inhalt abnehmen. Das Tuch öffnen und den Kuchen erst fünf Minuten auf einem Tortenrost abkühlen lassen.
11. Den Roti kukus lauwarm oder kalt servieren; die Stücke oder Scheiben nicht zu dick schneiden.

Kolak kedang

Indonesische gedünstete Bananen

3–4 Sprossen Daun pandang
3 Scheiben Gula djawa
4–5 reife Kochbananen (grüne Bananen)
2 dl dicke Kokosmilch (aus der Dose)

Tip
Kolak kedang läßt sich im Kühlschrank sehr gut einige Tage aufheben, wird dadurch sogar schmackhafter.

1. Die Sprossen Daun pandang mit grob zerkrümeltem Gula djawa und 2,5 l Wasser in einem geschlossenen Topf zum Kochen bringen. Sobald das Wasser den Siedepunkt erreicht hat, die Hitze zurückschalten und 40 bis 45 Minuten ziehen lassen.
2. Während der letzten fünf Minuten die Bananen schälen, der Länge nach durchschneiden und in 1,5–2 cm dicke Scheiben schneiden.
3. Die Bananen ins Pandangwasser geben und die Flüssigkeit mit geschlossenem Deckel langsam wieder zum Kochen bringen.
4. 30 bis 40 Minuten bei niedriger Hitze dünsten, bis die Bananen von außen weich sind, jedoch noch nicht zerfallen.
5. Den Topf vom Feuer nehmen und die Kokosmilch unterrühren. 5 bis 10 Minuten abkühlen lassen, aber warm oder lauwarm servieren.

Tjendol

Indonesisches Kokosgetränk

3 Scheiben Gula djawa (Javazucker)
2 EL brauner Farinzucker
2 Päckchen Hunkué-Mehl (zusammen 240 g)
Kokosmilch

1. In einer Kasserolle mit dickem Boden ½ l Wasser mit Gula djawa (zerkrümelt) und Zucker unter ständigem Rühren zum Kochen bringen; der Zucker soll sich auflösen.
2. Den Topf vom Feuer nehmen, die Flüssigkeit durch ein Sieb passieren und in einer Schüssel stehenlassen.
3. Das Hunkué-Mehl allmählich mit 2 Tassen Wasser von insgesamt 1,5 l Wasser verrühren, bis ein glatter Brei entsteht, dann den Rest des Wassers zufügen. Dieses Gemisch in einem Topf mit dickem Boden zum Kochen bringen.
4. Sobald der Siedepunkt erreicht ist, die Hitze zurückschalten und die Flüssigkeit einkochen lassen, bis eine dicke Masse entstanden ist.
5. Eine Schüssel mit kaltem Wasser auf die Arbeitsfläche stellen; das Wasser soll so kalt wie möglich sein, am besten mit ein paar Eiswürfeln. Nun die gekochte Masse durch ein spezielles Tjendol-Sieb in das Wasser drücken.
6. Die Tjendol-Masse gleitet in dicken Fäden ins Wasser; sie bleiben im Wasser liegen bis zum Gebrauch.
7. Vier Longdrink-Gläser zur Hälfte oder etwas weniger mit Tjendol füllen. Lange Fäden lassen sich nicht gut essen, deshalb werden sie auch oft in Stücke geschnitten.
8. 3 Eßlöffel Gula djawa-Sirup in jedes Glas geben und die Gläser mit gekühlter Kokosmilch auffüllen. Zwei oder drei Eiswürfel in jedes Glas, und ein herrlich erfrischendes Getränk ist entstanden.

Variante
Sie können dem Tjendol-Getränk auch verschiedene Farben geben: Fügen Sie einen Schuß Rosensirup, Ingwersirup, Mangosirup oder grünen Sirup usw. zu. Schauen Sie sich einmal in einem asiatischen Geschäft um. Es gibt viele verschiedene Sirupsorten in exotischen Geschmacksrichtungen und allerlei Farben.
Auch das Tjendol-Sieb ist hier für wenig Geld erhältlich.

Tjendol ist ein bekanntes indonesisches Getränk.

Küchenlexikon asiatischer Zutaten

ABALONE (Seeohr, Ohrschnecke), Gattung der Faßschnekken. Im Meer lebende Schnecke mit ohrmuschelförmiger, perlmuttreicher Schale. Ihr zartes Fleisch von feinem Geschmack wird gedünstet oder sehr kurz unter ständigem Rühren gebraten. Meistens wird Abalone einer klaren Suppe oder einem feinen Gericht erst in den letzten Minuten der Zubereitungszeit zugefügt, weil das Fleisch sehr leicht zäh wird.

ABON Fleisch oder Garnelen, gehackt und getrocknet, mit süß-würzigem Geschmack.

AGAR-AGAR Bindemittel, das aus Seetang gewonnen wird und zur Verarbeitung z. B. in Süßspeisen (indonesischer Pudding Kué lapis u. ä.) bestimmt ist. Die weißen, etwa 30 cm langen Stäbe benötigen zum Auflösen etwas mehr Zeit als Blattgelatine. Agar-Agar muß gut in kaltem Wasser gewaschen, dann in kleine Stücke zerteilt und in Wasser gekocht werden. Für einen Stab brauchen Sie 5 bis 6 Tassen Wasser. Agar-Agar gibt es auch in Bandform und in Pulverform. Für sommerliche Nachspeisen eignet es sich besser als Gelatine, weil es die Wärme besser verträgt und sich langsamer zersetzt.

ASEM Braunes Fruchtfleisch der Hülsenfrucht vom Tamarindenbaum mit leicht säuerlichem, frischem Geschmack. Es gibt Asem in Päckchen und im Glas zu kaufen. Asem in Päckchen enthält viele Kerne, so daß Sie die angerührte Flüssigkeit vor Gebrauch erst durch ein Sieb geben müssen. Asem im Glas ist ohne Kerne erhältlich, häufig unter dem Namen Tamarinde. Asem kann lange aufbewahrt werden. Es ist durch Zitronen- oder Limonensaft zu ersetzen, im Notfall durch milden Wein- oder Kräuteressig.

ATJAR Süß-sauer eingemachtes Gemüse in verschiedenen Geschmacksrichtungen, mit oder ohne Bohnenkeime, mit mehr oder weniger Kohl, Möhren oder Gurken, mehr oder weniger sauer oder scharf. Wird in Gläsern angeboten.

AUSTERNSOSSE Eine charakteristische chinesische Soße, hauptsächlich aus Muscheln, die man in einer hellen, salzigen Sojasoße dünstet. Danach werden die Weichtiere zermahlen und wieder unter die Soße gemischt. Austernsoße läßt sich auch geöffnet im Kühlschrank lange aufbewahren. Sie schmeckt sehr gut zu Fischgerichten, aber auch zu Fleisch und Geflügel.

BAMBUSSPROSSEN Die jungen Sprossen der Bambuspflanze werden in den Küchen des Fernen Ostens vielfältig verwendet, ganz besonders in China und Japan. Ihr Geschmack ist zart und etwas süßlich. Eine besonders gute Zutat zu chinesischen Rühr-Brat-Gerichten (Garnelen, Crabmeat) oder zartem Gemüse mit chinesischen Champignons. Bambussprossen sind in jedem asiatischen Geschäft erhältlich, entweder als ganze Sprossen oder in Julienne-Streifen geschnitten. Sie sind sehr schmackhaft und lassen sich durch nichts ersetzen.

BAUMOHREN siehe Pilze.

CHINAKOHL Ein länglicher Kohl mit ca. 35 cm langen, etwas krausen Blättern und einem festen Strunk. Daneben gibt es eine Variante von kürzerer, rundlicher Form, deren Blätter dichter geschlossen sind. Es gibt ihn fast das ganze Jahr über auf dem Markt und in Gemüsegeschäften zu kaufen, sicher in asiatischen Läden. Chinakohl ist ein leicht verdauliches Gemüse, das, in ca. 2 cm dicke Streifen geschnitten, schnell nach der Rühr-Brat-Methode mit Fleisch, Garnelen, Huhn und anderen Zutaten zubereitet wird.

CHINESISCHER SCHNITTLAUCH Hat Ähnlichkeit mit unserem Schnittlauch, sein Blatt ist allerdings größer und hat eine gröbere, faserige Struktur. In manchen Fällen läßt sich chinesischer Schnittlauch durch Koriander oder Petersilie ersetzen. In asiatischen Geschäften ist er häufig zu bekommen.

DAUN DJERUK PURUT siehe Djeruk purut.

DAUN SALAM oder Salamblatt. Ein häufig verwendetes Gewürz in der indonesischen Küche. Man nennt es auch indonesischen Lorbeer, und es läßt sich durch ein Lorbeerblatt ersetzen. Manchmal kann ein leicht angebrannter Geschmack oder ein vorherrschender Fischgeschmack mit Salamblättern kaschiert werden. Früher war Daun salam nur getrocknet zu bekommen, heute ist dieses Gewürz in asiatischen Geschäften auch ab und zu frisch oder tiefgekühlt erhältlich.

DENG DENG Hauchdünn geschnittenes Rind-, Schweine- oder Ziegenfleisch, eingesalzen und getrocknet, wodurch es lange haltbar ist. Davon gibt es auch eine süße Sorte zu kaufen, Deng deng manis. Dabei wurde das Fleisch vor dem Trocknen mit Gewürzen und Gula djawa (Javazucker) eingerieben. Deng deng kann man als Leckerbissen zwischen den Mahlzeiten aus der Hand essen. Kleine Stückchen Deng deng können einem Gericht beim Dünsten oder Schmoren zugefügt werden.

DJAHÉ siehe Ingwer.

DJERUK PURUT (Daun djeruk purut sind die Blättchen) Blättchen und Früchte mit frischem, zitronenartigem Geschmack. Man verwendet djeruk purut zum Dünsten von Gerichten. Das Gewürz läßt sich durch Zitronenmelisse ersetzen, notfalls auch durch Zitronensaft.

DJINTAN Zu deutsch Kreuzkümmel, als Körner oder feingemahlen erhältlich. Djintan mit seinem starken Aroma wird oft mit Ketumbar (Koriander) zusammen verwendet, da sich beide ausgezeichnet ergänzen.
Vermengen Sie Koriander und Kreuzkümmel im Verhältnis 1:5, das ergibt ein gutes Resultat. Wenn Sie Kümmelkörner vor dem Zermahlen erst in einer trockenen Bratpfanne rösten, kann sich das Aroma besser entfalten.

EBBI ODER EBI Gesalzene und getrocknete Garnelen, die es in verschiedenen Größen zu kaufen gibt. Bevor sie verarbeitet werden können, muß man sie mindestens 45 Minuten einweichen, andernfalls im Mörser zerreiben.

ENTE Für die Zubereitung von Ente gibt es die herrlichsten Rezepte, u. a. Pekingente, ein traditionelles Gericht, das in allen Ländern berühmt ist. In China gibt es Entenzuchtbetriebe, die ihre Enten mit Spezialfutter füttern, sie präparieren und exportieren. In den Niederlanden gibt es inzwischen auch schon einige Züchter, die solche Enten für Europa liefern können. Eine normale kleine Ente tut's natürlich auch oder schon vorbereitete Ente aus der Dose, die man in asiatischen Läden oder im Delikatessengeschäft kaufen kann.

ESSIG In der asiatischen Küche verwendet man verschiedene Sorten Essig. Roter (Wein-)Essig wird zu Marinaden und Suppen gebraucht, man löscht Rühr-Brat-Gerichte damit ab und er eignet sich auch als Dip zu gebratenen und gerösteten Gerichten.

FISCH-, GARNELEN- ODER CRABMEATKLÖSSCHEN In asiatischen Geschäften fertig in Tiefkühlverpackungen erhältlich. Sie werden Suppen und gedünsteten Gerichten zugefügt, sind besonders schmackhaft und bestehen aus einem leicht gewürzten Gemisch aus gemahlenen Garnelen und/oder Fisch.

FISCHSOSSE siehe Pasten.
In der letzten Zeit ist das Sortiment an Fischsoßen bedeutend umfangreicher geworden. Auch Vietnam, Laos, Japan usw. exportieren Fischsoßen in Flaschen und Dosen. Bekannt ist die Fischsoße „Nuoc mam" (Nam pla). Häufig besteht die Basis für Fischsoße aus fermentierten Garnelen, Crabmeat und verschiedenen Sorten Fisch. Etwas Fischsoße für eine Marinade, eine Suppe oder ein Fischgericht ist genug und erhöht das Aroma. Zuviel kann leicht das ganze Gericht verderben.

FÜNFKRÄUTERPUDER Ein vielfach verwendetes Kräuter-Gewürzgemisch der chinesischen Küche. Es besteht im allgemeinen aus Sternanis, Fenchel, Kardamom, Gewürznelken und Kassie. Manchmal wird (Sichuan-)Pfeffer hinzugefügt. In China mischen die meisten Familien ihren Fünfkräuterpuder selbst. In asiatischen Geschäften gibt es dieses Gewürz in Tütchen verschiedener Größen zu kaufen. Bei Verwendung ist eine Prise vollkommen genug, sonst wird der Geschmack vorherrschend.

GARNELENPASTE siehe auch Fischsoße und Pasten.
Garnelenpaste wird aus gemahlenen, eventuell getrockneten Garnelen hergestellt. Man fügt sie einer Fischsoße oder einem gedünsteten Gericht zu.

GEWÜRZE, GEMISCHTE In asiatischen Geschäften gebrauchsfertig in kleinen Tuten erhältlich. Die Mischung besteht meist aus Sternanis, Sichuan-Pfeffer, Zimt, Ingwer, Fenchel, Gewürznelken, Süßholz und Pfeffer. Man kann sie im Mixer fein mahlen und für gedünstete oder geschmorte Gerichte verwenden, die durch diese Gewürze ein sehr angenehmes Aroma erhalten.

GINKGONÜSSE Weiche, aromatische Nüsse des Ginkgobaums. Sie werden feingeschnitten verschiedenen Gerichten zugefügt oder in Kuchen verarbeitet.

GLASNUDELN (SO-UN) Transparente Vermicelli (feine Faden-nudeln) für Suppen und Schmorgerichte. In asiatischen Läden werden sie in kleinen Bündeln verkauft. Die Nudeln quellen schnell auf, werden glasig und gelatinös. Wenn Sie kochendes Wasser darübergießen, sind die Nudeln nach einer Minute oder etwas längerem Rühren gar. Schneiden oder brechen Sie sie in kleinere, handliche Stücke, bevor Sie die Nudeln quellen lassen. Sollen sie einer Suppe zugefügt werden, z.B. der indonesischen Soto, dann dürfen sie erst in der letzten Minute zugegeben werden. Mitkochen ist nicht ratsam, davon werden sie schlapp und mehlig.

GULA DJAWA Javanischer Zucker, der aus dem Saft von Zuk-kerrohr, der Arengpalme (Zuckerpalme) oder der Kokospalme hergestellt wird. Gula djawa ist braun, von hell bis fast schwarz, er schmeckt süßer als Kristall- oder Farinzucker und aromati-scher. Man kann Gula djawa in Scheiben von etwa 7 cm Durch-messer oder zylinderförmig verpackt kaufen. Eventuell läßt er sich durch dunkelbraunen Farinzucker oder groben Rohrzucker ersetzen (in asiatischen Läden und Reformhäusern erhältlich).

HAIFISCHFLOSSEN Gibt es getrocknet und in Plastiktüten ver-packt in gutsortierten asiatischen Geschäften zu kaufen. Sie sind präpariert und müssen eine Nacht in Wasser liegen. Es ist eine ziemlich kostbare Delikatesse.

HOISINSOSSE Eine dicke, rotbraune Soße aus Sojabohnen, Knoblauch, verschiedenen Kräutern und Gewürzen sowie spanischen Pfefferschoten. Sie gibt Fischgerichten, Gerichten mit Muscheln und Schaltieren sowie Fleischgerichten (Kamm-rippchen, Hühnerkeulen) einen leicht süßlichen, würzigen Geschmack. Hoisinsoße gibt es in Glas, Dose oder Flasche zu kaufen, und zwar in verschiedenen Mengen.

HUNKUÉMEHL Aromatisches, feines Mehl, das aus Katjang idjo hergestellt wird, der Pflanze, von der auch die Taugé-Sprossen stammen. Es wird in zylinderförmigen Päckchen angeboten. Man verwendet es bei der Zubereitung von indone-sischen Puddingen, und außerdem für (gedämpfte) Kuchen.

INGWER auch Djahé genannt. Wird in unzähligen Gerichten verarbeitet. Heutzutage gibt es das ganze Jahr über frische Ingwerwurzel zu kaufen, nicht nur in asiatischen Geschäften, sondern auch in Gemüseläden und Supermärkten. Auch getrockneter Ingwer ist erhältlich; dieser muß allerdings vor Gebrauch geraume Zeit eingeweicht werden. Frischer Ingwer hält sich in der Gemüseschublade im Kühlschrank lange. Man kann sich auch mit Ingwerpulver behelfen, allerdings ist der Geschmack weniger fein. Verwenden Sie bei Ingwerpulver ein Drittel der Menge, die Sie bei frischem Ingwer nehmen würden. Frischer Ingwer wird unter ständigem Rühren zusammen mit Zwiebel und Knoblauch angebraten. Ingwerpulver darf nicht mit angebraten werden, da das Gericht dadurch einen bitteren Beigeschmack bekäme. Man fügt Ingwerpulver erst später zu. In asiatischen Geschäften gibt es auch Ingwersirup zu kaufen; er wird zu Suppen, Soßen, Marinaden usw. verwendet.

JAVAZUCKER siehe Gula djawa.

KASSIE Die getrocknete Rinde des Kassiebaumes. Wegen sei-ner Ähnlichkeit wird Kassie oft für Zimt angesehen. Kassie kann aber auch durch Zimt ersetzt werden und ist ein Bestandteil des Fünfkräuterpuders.

KATJANG IDJO Die getrockneten grünen oder goldgelben Bohnen, aus denen die Taugé-Sprossen keimen. Taugé darf in manchen Gerichten absolut nicht fehlen, z.B. im indonesischen Sayur lodé oder Gado gado.

KEMIRI-NÜSSE Sie kamen früher hauptsächlich auf den Molukken-Inseln vor. Es sind Nüsse mit sehr harter Schale. Sie werden fein zerrieben und u.a. als Bindemittel in indonesischen Sayurs, Fleisch- und Fischgerichten verwendet. Kemiri-Nüsse sind in asiatischen Geschäften sowohl einfach geschält als auch gemahlen in kleinen Tüten erhältlich. Vor Gebrauch kann man sie in einem mäßig warmen Ofen oder über der Gasflamme kurz anwärmen; dann entfaltet sich ihr Aroma am besten. Sie lassen sich durch Mandeln oder Paranüsse ersetzen.

KENTJUR wird aus einer Pflanze mit dem lateinischen Namen Kaempferia galanga gewonnen, die zur Familie der Ingwerge-wächse gehört. Der Geschmack erinnert an Ingwer: sehr würzig und aromatisch. Kentjur läßt sich nicht ersetzen.

KETJAP Viele Fabrikanten stellen verschiedene Sorten Ketjap her. Ketjap ist keinesfalls mit chinesischer Sojasoße identisch. Es gibt dicke, dünne, süße, salzige und scharfe Sorten. Sie können heute in einem asiatischen Geschäft aus etwa zehn Sorten wählen (manis = süßlich; asin = pikant).

KETUMBAR oder Koriander. Wird häufig zusammen mit Djintan (Kreuzkümmel) verwendet. Koriander ist Bestandteil aller Currygemische, wie z. B. des charakteristischen indischen Garam masala. Ketumbar direkt vor Gebrauch in der trockenen Bratpfanne rösten, dann entfaltet sich das Aroma besser. Es gibt Ketumbar als Körner oder fein gemahlen in kleinen Tüten zu kaufen.

KLAPPER, KLAPPERMILCH siehe Santen.

KNOBLAUCH Unentbehrlich in der chinesisch-indonesischen Küche. Man kann Knoblauch flach klopfen oder auspressen, zu Mus hacken, in Julienne-Streifen oder Scheiben schneiden oder zu „Seidenfäden" raspeln. Knoblauch wird mit Zwiebel und Ingwer zusammen unter ständigem Umrühren angebraten.

KOKOSMILCH Im Karton oder in der Dose in verschiedenen Mengen erhältlich. In asiatischen Geschäften kann man Kokosmilch in unterschiedlicher Konzentration kaufen. Sie ist weniger fett als Santen (eine Art Kokosfett in Blockform).

KRAUTSCHALOTTEN Eine Art Frühlingszwiebel, aber wer sie mit der uns bekannten Frühlingszwiebel vergleicht, sieht den Unterschied. Krautschalotten sind kein Zwiebelgewächs, am Wurzelende verlaufen sie gerade. Der Stengel ist röhrenförmig. Das Grüne wird oft gesondert gehackt und als Garnitur verwendet. Das Weiße wird meistens mit Knoblauch und Ingwer unter ständigem Umrühren angebraten. Ihr Geschmack ist vortrefflich: aromatisch, fein und leicht.

KRUPUK Herzhafter, knuspriger Leckerbissen zum Knabbern zwischendurch oder als Beilage zur Reistafel und verschiedenen Sayurs. Es gibt viele Sorten Krupuk von verschiedener Zusammensetzung zu kaufen. Krupuk udang ist auf Garnelenbasis hergestellt, Krupuk emping aus Nüssen, Krupuk palembang aus Mehl und Fisch. Es gibt auch Krupuk mit farbigen Rändern, eine hübsche und festliche Abwechslung bei Tisch.

KUNIT, KUNIR, KURKUMA ODER GELBWURZ Färbt Speisen gelb. Der Geschmack ist leicht bitter, darum kann dieses Gewürz nur in kleinen Mengen verwendet werden. Sonst muß der bittere Geschmack wieder durch andere Gewürze ausgegli-

chen werden. Kurkuma ist das billigere Ersatzmittel für den teuren Safran, der Speisen noch schöner gelb färbt.

KUPING TIKUS ODER MÄUSEOHREN siehe Pilze.

LAKSA Transparente chinesische Vermicelli, siehe Glasnudeln.

LAOS ODER LANGKUAS Wird aus der Galangawurzel gewonnen und sowohl getrocknet als fein gemahlen angeboten. Die große Laoswurzel ist gelblich-weiß und schmeckt nach Ingwer. Die kleine Sorte ist hellrosa und erinnert an scharfen Ingwer. Laos wird in der südostasiatischen Küche häufig gebraucht, vor allem beim Dünsten von Fleisch, Geflügel und Fisch.

LILIENKNOSPEN Die hellgelben Knospen der Tigerlilien sind sehr nahrhaft und werden, oft aneinandergeknüpft, in Suppen und Schmorgerichten verarbeitet. Man muß sie vor Gebrauch ca. 30 Minuten einweichen und dann harte Teile entfernen. In Fisch-, Hühner- und Schweinefleischgerichten schmecken sie sehr gut. Sie lassen sich ausgezeichnet mit getrockneten Pilzen, z. B. Kuping tikus oder Mäuseohren, kombinieren.

LOMBOK (grüne oder rote spanische Pfefferschoten) Ein unentbehrlicher Bestandteil der Gerichte in der chinesisch-indonesischen Küche. In Indonesien spricht man von „Lombok rawit", das bedeutet „heißes Pfefferchen". Es gibt sie frisch, als Schote getrocknet, in feine Fäden geschnitten und getrocknet oder fein gemahlen zu kaufen. Sie sind sehr scharf; seien Sie also vorsichtig beim Säubern der Schoten und kommen Sie nicht aus Versehen mit den Fingern in die Augen.

LOQUAT Eine 4–9 cm große, längliche Frucht mit dünner Schale, die ursprünglich aus China und Japan stammt. Das Fruchtfleisch umschließt einen verhältnismäßig großen Kern, ist saftig und schmeckt süß-sauer. Manchmal sind Loquats frisch zu bekommen, meistens jedoch in Dosen erhältlich. Man verarbeitet sie in Eis- und Nachspeisen, z. B. zusammen mit Mango und Lychee (Litchi).

Daß es Krupuk in verschiedenster Art zu kaufen gibt, wird deutlich, wenn Sie das Foto auf den nächsten Seiten ansehen.

LOTUSWURZEL Der rotbraune Stengel der Wasserlilie. Er wächst bis zu 20 cm Länge bei einem Durchmesser von ungefähr 5 cm. Frisch gibt es Lotuswurzel nur selten zu kaufen, aber in Dosen können Sie sie bekommen. Sie sind schmackhaft, wenn sie beim Rühr-Braten kurz mitgebraten oder in Suppe und beim Dünsten mitgekocht werden. Lotuswurzel läßt sich nicht ersetzen.

LYCHEE oder LITCHI Eine charakteristische Frucht mit rotbrauner, lederartiger Schale aus China. In der kantonesischen Küche wird die Frucht mit ihrem aromatischen weißen Fruchtfleisch häufig verarbeitet. Der große braune Kern in der Mitte ist nicht eßbar. Lychees lassen sich gut mit anderem Obst zu einem Nachtisch kombinieren, z. B. auch mit Eis und Schlagsahne. Sie sind in Dosen von verschiedenem Gewicht erhältlich. Augenblicklich werden sie in vielen tropischen Ländern angebaut.

MANGISTAN oder MANGOSTAN Selten frisch zu bekommen. Manchmal werden diese exotischen Früchte auf dem Markt oder im Delikatessengeschäft angeboten; in asiatischen Läden sind sie in Dosen erhältlich. Die Frucht ist so groß wie eine Pflaume. Sie hat vier Kelchblätter und eine ziemlich dicke, bräunlich-lila oder rötlich-lilafarbene Schale. Das saftige, transparente Fruchtfleisch ist wie eine Apfelsine eingeteilt, die 7 bis 8 weißen Samen sind eßbar. Mangistan mit anderen tropischen Früchten zu einem Salat kombiniert ist eine herrliche Erfrischung.

MANGOLD, SEEKOHL oder SENFPFLANZENSTENGEL siehe Paksoi und Senfpflanzenstengel.

MELINDJO oder BELINDJO, BUAH MELINDJO, GRINTUL Dies alles sind Namen von kleinen, länglich-runden Früchten, die Oliven ähnlich sehen. Sie haben einen Durchmesser von etwa 2,5 cm. Die Schale ist zunächst grün, später gelb bis gelblich-rot und ziemlich hart. Auch die Kerne werden verarbeitet: erst gekocht, dann getrocknet und schließlich zerquetscht oder gemahlen. Hieraus wird Emping hergestellt, für Krupuk emping, Krupuk aus Melindjo.

MIE, manchmal Mi (Nudeln), gibt es in vielen Sorten und Qualitäten.
– Reismie, dünne Fadennudeln, fast transparent. In Bündeln erhältlich. Wenn man diese Sorte mit kochendem Wasser übergießt, sind die Nudeln in 1 bis 2 Minuten gar.
– Bandmie wird auch aus gemahlenem Reis hergestellt, ganz dünn ausgerollt und danach in Streifen von 1 cm Breite geschnitten. Wenn diese Bandnudeln frisch zubereitet werden, müssen sie innerhalb von zwei Tagen gegessen werden.
– Eiermie gibt es sowohl frisch als auch getrocknet. Diese Eiernudeln werden aus Weizenmehl, Eiern und Wasser hergestellt, eine schmackhafte und nahrhafte Speise. Die Nudeln sind sowohl zu Nestern aufgerollt als auch in Bündeln erhältlich.
– So-Un heißt eine Sorte transparenter Nudeln, die aus gemahlenen Mungbohnen hergestellt wird, siehe Glasnudeln.

MIEHUN oder Mihun oder Mi Hun. Diese feine, dünne Sorte Bami wird aus Reismehl hergestellt und ist leichter verdaulich als Eiermie oder Mie aus Weizenmehl. Auch ihr Geschmack ist feiner. Miehun schmeckt gut zu Fisch, Muscheln und Schaltieren sowie zu Rindfleisch-, Schweinefleisch- und Geflügelgerichten.

MIXED PICKLES Asiatisches, süß-sauer mit Ingwer und den verschiedensten Gewürzen eingelegtes Gemüse. Mixed pickles verwendet man als Garnitur oder als Bestandteil von süß-sauren Soßen. In Soßen wird das süß-saure Gemüse langsam mitgedünstet.

ÖL In diesem Buch wird hauptsächlich Sonnenblumenöl und Maisöl genannt, obwohl es natürlich viel mehr Sorten gibt.
– Sonnenblumenöl wird aus Sonnenblumenkernen gewonnen. Es hat einen neutralen Geschmack, ist reich an mehrfach ungesättigten Fettsäuren und kann ausgezeichnet große Hitze vertragen. Nach dem Braten läßt es sich auch gut mit Sesamöl vermischen, so daß die Speise eine samtartig glänzende Oberfläche bekommt.
– Maisöl wird aus Maiskeimen gewonnen und ist etwas teurer. Es hat wie Sonnenblumenöl einen neutralen Geschmack und ist ebenfalls reich an mehrfach ungesättigten Fettsäuren.
– Arachide- oder Erdnußöl wird in ganz Asien viel gebraucht, aber dort ist der Grundstoff, die Erdnuß, auch billig. In Europa ist das nicht der Fall, und das ist der Grund, warum dieses Öl zu den teuersten Sorten gehört.
– Sojaöl ist eine der meistverwendeten Ölsorten in Asien, da der Anbau von Sojabohnen dort sehr bedeutend ist.
– Sesamöl gewinnt man aus Sesamsaat durch Pressen oder Extraktion. Es ist ein klargelbes Öl mit einem feinen, nußarti-

gen Geschmack. Man kann es nicht zum Fritieren verwenden, da Sesamöl sich bei hohen Temperaturen schneller zersetzt als andere Ölsorten. Einem fertig zubereiteten Gericht gibt man mit einem Teelöffel Sesamöl ein samtartig glänzendes Aussehen.

– *Kokosöl* oder -fett kommt von der Kokospalme und wird in tropischen Ländern häufig verarbeitet. Dort ist es in flüssiger Form erhältlich.
– *Chiliöl* ist ein pikantes Öl, mit Stückchen spanischem Pfeffer gewürzt. Sehr scharf und für den Liebhaber von solchen Gerichten eine Delikatesse. In chinesischen oder japanischen Geschäften erhältlich.

PAKSOI Seit einigen Jahren eine häufiger angebotene Kohlsorte, jedenfalls in größeren Orten. Paksoi, Pak Choi, auch manchmal Boksoi oder Bokchoy genannt, wird in Restaurants serviert und ist bei den Gästen wegen des Geschmacks und des Aussehens beliebt. Dieses Blattgemüse ist einschließlich der Blüten eßbar. Man kann die hellgrünen Blätter in mäßig breite Streifen und die weißen oder gelbgrünen, festen Stengelteile in schräge Stückchen von 3 cm schneiden. Danach lassen sie sich einfach rühr-braten. Mangold, Seekohl und Senfpflanzenstengel sind Varianten dazu.

PANGSIT-TEIGSCHEIBEN siehe auch Teigscheiben für Frühlingsrollen. Diese Teigscheiben sind kleiner. Sie werden sowohl frisch als auch tiefgekühlt angeboten. Die Teigscheiben werden aus Weizenmehl, Ei und Wasser hergestellt und eignen sich wegen der feinen Teigbeschaffenheit besonders gut für die kleineren Pangsit-Rollen und Wantan-(oder Wonton-)Teigtaschen. Siehe WANTAN.

PASTEN
– *Gelbe Bohnenpaste* ist ein Gemisch aus Püree von fermentierten gelben Sojabohnen mit Mehl, Wasser, Zucker und Salz.
– *Rote Bohnenpaste* ist ein Püree aus gesüßten roten Bohnen und wird oft als Füllung für gedämpfte chinesische Brötchen verwendet, die sogenannten Bao pao.
– *Schwarze Bohnenpaste* ist eine beliebte aromatische Zutat in der chinesischen Küche. Es ist ein Püree aus schwarzen fermentierten Sojabohnen.
– *Sesampaste* dient sowohl als schmackhafte Zutat wie auch als Bindemittel. Sie wird aus gerösteter und feingemahlener Sesamsaat hergestellt und ist in asiatischen Geschäften

erhältlich. Tahin, das in Reformhäusern angeboten wird, ist nicht dasselbe. Tahin wird aus unbearbeiteter Sesamsaat hergestellt und ist in Geschmack und Duft völlig verschieden.
– *Pfefferpaste* aus Sichuan ist ein pikant-scharfes Mus aus getrockneten spanischen Pfefferschoten und feingemahlenen gelben Bohnen.
– *Fischpasten* gibt es in verschiedenen Sorten. Sie werden aus getrockneten, feingemahlenen Garnelen oder anderen Muschel- und Schaltieren sowie verschiedenen Sorten Fisch hergestellt und mit Kräutern sowie Salz auf den speziellen Geschmack gebracht. Eine bekannte indonesische Garnelenpaste ist Trasi (siehe dort). Sie wird in asiatischen Läden in verschiedenen Verpackungen angeboten.

PEKINGENTE siehe Ente.

PETÉBOHNEN Sehr aromatische, hellgrüne Bohnen, die man in Sambal-goreng- und Sayur-Gerichten verarbeitet. Sie sind als ganze Bohnen im Glas erhältlich. Sowohl Bohnen als auch ein grobes Bohnenmus gibt es im Glas und manchmal auch in Dosen.

PFEFFERSCHOTEN siehe Lombok.

PFLAUMENSOSSE Wird aus Pflaumen, Aprikosen, Chilipuder, Essig, Sojasoße und Zucker hergestellt. Es gibt unterschiedliche Geschmacksnuancen. Pflaumensoße wird in asiatischen Läden im Glas und in der Flasche angeboten. Sehr schmackhaft zu geröstetem Fleisch, gebratener Ente und auch in Gemüsegerichten.

PILZE In der chinesischen Küche verwendet man häufig getrocknete Pilze; mehrere Sorten dieser Pilze können Sie in asiatischen Geschäften kaufen.
Folgende Sorten sind die wichtigsten:
– *Chinesische Champignons* sind Baumpilze mit verschiedenen Varianten. Die sogenannten Blumenchampignons sind

Das Foto auf den beiden nächsten Seiten zeigt Ihnen eine Anzahl Zutaten, die in der chinesischen Küche verwendet werden. Von links nach rechts: Paksoi, Lychees, Maiskolben, Lotuswurzel, Spitzkohl, Erbsenschoten, Bohnenkeime, Chinakohl, Bambussprossen, Stengel der Senfpflanze und Wasserkastanien.

die teuersten, sie sind an der Blumenform ihrer Hütchen zu erkennen. Aber die gewöhnlichen chinesischen Champignons, die etwas dunkler und billiger als die Blumenchampignons sind, schmecken auch ausgezeichnet.

- *Strohchampignons* sind viel billiger; sie werden in Dosen angeboten. Es sind kleine, runde Pilze, die auf den Stoppeln der Reisfelder gezüchtet werden. Ihr Geschmack ist etwas fade; man verarbeitet sie meistens wegen ihrer Form in einem Gericht.
- *Baumohren* (englisch: wood ears) sind große Pilze, die seit Jahren im westlichen China gezüchtet werden. Nach dem Einweichen können sie viermal so groß werden wie in getrocknetem Zustand.
- *Mäuseohren* oder Kuping tikus sind kleine, unregelmäßig geformte Pilze von ca. 2 cm, die nach dem Einweichen ebenfalls drei- bis viermal größer werden. Man kann sie braten oder dünsten; sie schmecken besonders in Kombination mit Lilienknospen ausgezeichnet.
- *Wolkenohren* sind ebenfalls chinesische Pilze, und zwar mit noch feinerem Geschmack als Baumohren, leicht süßlich, samtig und fein auf der Zunge.

RAMBUTAN Ähnelt der Lychee-Frucht und gehört ebenso wie diese zur Familie der Seifenbaumgewächse. Rambutans können sowohl einzeln auf den Tisch gebracht als auch in Obstsalaten und Eisspeisen verarbeitet werden. Die Frucht hat eine grobe, stachelige Schale, die sich leicht entfernen läßt. Das Fruchtfleisch ist durchsichtig gelb und süß. Der Kern ist nicht eßbar. In speziellen Läden kann man Rambutan manchmal frisch bekommen.

REIS Gibt es in vielen Sorten und Qualitäten, z. B. langkörnigen, halblangkörnigen und rundkörnigen Reis. Abhängig von Sorte und Bearbeitung ist Reis innerhalb von 8 bis 18 Minuten gar. Klebreis verwendet man u. a. für Lontong, Nachspeisen (Kuchen, Pudding) und manchmal auch für Suppe.

REISWEIN Wird etwas angewärmt als Aperitif getrunken, in kleinen Mengen aber auch in der chinesischen Küche verwendet. Genaugenommen ist es kein Wein, sondern ein Destillat aus gegorenem Klebreis mit einem Alkoholgehalt von 12–16 %. Er läßt sich gut durch Sherry medium dry oder trockenen Weißwein ersetzen.

RETTICH Scharf schmeckende dunkelbraune oder weiße Wurzel, die fast das ganze Jahr über angeboten wird. Sowohl Winterrettich, von außen schwarz, als auch der weiße Sommerrettich müssen dünn geschält und dann geschnitten werden. Rettich wird zu Salaten verarbeitet und in manchen gedünsteten Gerichten mitgekocht.

SALAM siehe Daun salam.

SANTEN, eine Art Kokosfett, wird aus dem Saft von geraspelter Kokosnuß hergestellt. Santen entsteht, wenn man Kokos in einem Sieb unter Zufügen von kaltem oder lauwarmem Wasser auspreßt. Man kann Santen fertig kaufen, und zwar in verschiedener Verpackung, außerdem eingedickt unter dem Namen „creamed coconut" als Block. Blocksanten läßt sich abraspeln oder fein hacken. Hat man diese Art Santen nicht zur Verfügung, dann läßt sie sich durch dicke Kokosmilch aus dem Karton oder aus der Dose ersetzen, die ebenfalls in asiatischen Geschäften angeboten wird.

SCHALOTTEN Kleine pikante Zwiebeln. Sie können fein gehackt oder in Stücke geschnitten mitgebraten oder -gedünstet werden. Schmackhafter als gewöhnliche Zwiebeln.

SCHWEINESCHMALZ Wird in China vielfach als Bratfett verwendet. Wer kein Schweineschmalz verwenden will, kann auch Rinderfett oder dergleichen nehmen. Eine gute Kombination ist: zur Hälfte Schweineschmalz, zur Hälfte Öl oder Margarine.

SEDEP MALAM siehe Lilienknospen.

SENFPFLANZENSTENGEL Sie werden erst gepökelt, dann in Dosen konserviert. Es gibt sie in jedem asiatischen Geschäft. Man verwendet sie unter anderem in der scharf-sauren Suppe aus Sichuan, siehe auch Paksoi.

SERÉ Das ist der aromatische Stengel der Citronella, auch bekannt als Zitronengras. Seré wird mitgekocht oder -gedünstet, aber nicht mitgegessen. In asiatischen Läden gibt es Seré manchmal frisch, auf jeden Fall aber getrocknet zu kaufen. Seré zusammen mit Salam verarbeitet, ergibt ein besonders gutes Aroma. Seré läßt sich nicht ersetzen.

SESAMÖL siehe Öl.

SESAMPASTE siehe Pasten.

SESAMSAAT Samen der Sesampflanze. Vielseitig zu verwenden: als Garnierung, Füllung oder als Aufstrich. Die Samenkörner enthalten 45–55 % Öl und ca. 5 % Kohlehydrate.

SICHUAN-GEMÜSE Eine Art Senfpflanze, Gemüse, das erst gepökelt und dann in Dosen eingemacht wird. Es ist scharf gewürzt und wird u. a. als Zutat in gedünsteten Gerichten oder als Bestandteil von Gemüse- und Fleischgerichten verwendet.

SICHUAN-PFEFFER oder ANISPFEFFER ist kein echter Pfeffer. Da aber die getrockneten roten Beeren eines Strauches, der hauptsächlich in der Provinz Sichuan vorkommt, so pikant schmecken, hat man ihnen den Namen Pfeffer gegeben. Anfänglich denkt man, der Sichuan-Pfeffer sei gar nicht so scharf, aber einmal im Mund, kann sich der scharfe Geschmack entfalten. Oft ist dieses Gewürz Bestandteil des Fünfkräuterpuders (siehe dort). Sichuan-Pfeffer ist in einschlägigen Geschäften zu bekommen, allerdings oft als getrocknete Beeren, die man selbst im Mixer fein mahlen muß. In einem Glas luftdicht verschlossen, bleibt Sichuan-Pfeffer lange verwendbar.

SOJABLÄTTER Sehr dünne, getrocknete Scheiben Tahu (siehe dort), die man erst durchnäßt und dann verarbeitet. Es gibt sie in asiatischen Geschäften zu kaufen. Sie sind in geschlossener Verpackung lange haltbar.

SOJAKÄSE siehe Tahu und Tofu.

SOJASOSSE Es gibt eine dunkle, leicht süßliche, und eine helle, salzigere Sorte. Wenn Sie sich in einem asiatischen Geschäft umsehen, werden Sie von dem großen Angebot an Sojasoßen überrascht sein. Bei gemeinsamer Verwendung von heller und dunkler Sojasoße ist das Verhältnis meistens hell:dunkel wie 1:2, aber das hängt auch von Ihrem persönlichen Geschmack ab.

SONNENBLUMENÖL siehe Öl.

STERNANIS Name der trockenen, braunen Samen in Samenkapseln mit acht Spitzen. Sternanis hat ein sehr ausgeprägtes Aroma und eignet sich zur Verwendung in Fleisch-, Fisch- und Hühnergerichten. Die Samen werden manchmal im ganzen, meist aber gemahlen angeboten. Vier Spitzen Sternanis sind etwa ebensoviel wie ein Teelöffel Anispuder. Sternanis ist ein unentbehrlicher Bestandteil des Fünfkräuterpuders.

STROHCHAMPIGNONS siehe Pilze.

SÜSS-SAURE SOSSEN Diese Soßen gibt es in allen möglichen Geschmacksrichtungen in asiatischen Läden zu kaufen, sowohl im Glas als auch in der Dose oder Flasche. Sie passen beispielsweise sehr gut zu Pangsit, Babi panggang, Fu yong hai, Ku lu yuk usw. Wenn Sie also in Zeitnot sind, können Sie sich mit einer fertigen süß-sauren Soße behelfen.

TAHU siehe auch Tofu.
In allen Geschäften für exotische Artikel kann man Tahu, frisch und in Frischhaltepackung, kaufen. Aber auch Reformhäuser, manche Gemüsegeschäfte und Supermärkte führen Tahu im Sortiment. Dieser Sojabohnen-„Käse" wird im Block von etwa 250 g angeboten und besteht aus gepreßten Sojabohnen. Er hat eine gelbweiße Farbe und ist sehr eiweißreich. Dadurch ist er ein ausgezeichneter Fleischersatz, nahrhaft und zugleich leicht verdaulich. Man kann Tahu würfeln und erst fritieren, um die Würfel dann in einem Gericht mitzudünsten oder in einem Gemüse- oder Fleischgericht langsam mitzuschmoren. Tahu selbst ist fast geschmacklos; Würze ist notwendig. In Wasser hält sich Tahu im Kühlschrank etwa fünf Tage. Eine rote Sorte Tahu ist getrocknet und gewürzt und wird ebenfalls angeboten. Tahu ist chinesisch-indonesischer Sojakäse, Tofu ist das japanische Äquivalent.

TAMARINDE siehe Asem.

TAOTJO Gärungsprodukt aus Sojabohnen. Es ist sehr salzig und wird oft zusammen mit Knoblauch und Lombok in Gerichten verarbeitet, die einen würzigen Geschmack bekommen sollen. Es ist in kleinen Gläsern und Dosen erhältlich, manchmal auch in ganz kleinen Mengen in Tütchen. Taotjo läßt sich nicht ersetzen. Man sollte sehr sparsam mit diesem Produkt umgehen.

TAUGÉ Die gekeimten Sprossen der Katjang-idjo-Bohnen. Taugé ist ein herrliches Gemüse und ideal als Zugabe in Gemüse- und Fleischgerichten. Die Bohnenkeime werden auch in Frühlingsrollen und Pasteten verarbeitet. Blanchieren oder in letzter Minute mitdünsten ist genug. Die kleinen grünen Hülsen können Sie beim Waschen entfernen, das ist aber nicht notwendig, denn sie sind ebenfalls eßbar.

TAUSENDJÄHRIGE EIER sind Eier, die mit einem Gemisch aus

Salz und Kalk bedeckt etwa hundert Tage in der Erde vergraben wurden. Der Kalk macht die Eier hart, läßt das Eiweiß stocken und färbt das Eigelb grün. Diese Eier sind sehr haltbar; sie werden ungekocht verzehrt. Dies ist eine erprobte chinesische Methode nach uralter Tradition.

TEIGSCHEIBEN FÜR FRÜHLINGSROLLEN, PANGSIT ODER WANTANS unterscheiden sich nur in ihrer Größe und lassen sich eventuell zurechtschneiden. Es gibt sie in zwei Qualitäten: eine dickere Qualität aus Nudelteig und eine sehr dünne, die wie Reispapier aussieht. Heutzutage gibt es sie sowohl frisch als auch tiefgekühlt zu kaufen. Achtung: Nicht im Mikrowellenofen auftauen lassen! Die Scheiben lassen sich leicht voneinander lösen.

TELUR ASIN Diese gesalzenen Enteneier sind ein chinesisch-indonesischer Leckerbissen. Die Eier werden erst gekocht und anschließend etwa 30 Tage in Pökel (Salzlake) eingelegt. Das Eiweiß schmeckt dann sehr salzig und die Eidotter sind orange-gelb. Enteneier müssen mindestens 20 Minuten gekocht werden, weil sie Salmonellen enthalten können.

TEMPÉ Flache Kuchen aus gepreßten Sojabohnen, mit einem bestimmten Schimmel geimpft. Tempé ist leicht verdaulich und wie Tahu (Tofu) sehr eiweißreich. Man kann Tempé rühr-braten, kochen, dünsten oder fritieren. Dieser ausgezeichnete Fleisch-ersatz ist überall erhältlich.

TOFU Die japanische Variante von Tahu (siehe dort) hat eine etwas feinere Struktur und ist etwas weißer. Die Zubereitung geschieht auf dieselbe Weise.

TRASI siehe auch Pasten.
Trasi ist ein gepreßter Extrakt aus Garnelen, den man in asiatischen Geschäften in Päckchen oder Tütchen kaufen kann. Trasi hat einen durchdringenden, vielen Menschen sogar unangenehmen Geruch. Daher muß es gut verschlossen aufbewahrt werden, aber nicht im Kühlschrank, denn es würde den Geschmack anderer Nahrungsmittel beeinträchtigen. Für ein durchschnittliches Gericht für vier Personen genügt ein Stückchen Trasi von 2 × 2 cm. Hacken oder reiben Sie es fein und fügen Sie es dem Gericht zusammen mit Knoblauch, Pfeffer und Ingwer zu. Trasi ist ein typisch indonesisches Aroma.

VE-TSIN Ein weißes, geruchloses Pulver, das die verschiedenen aromatischen Richtungen einer Speise unterstreicht. Allerdings kann Ve-tsin bei überempfindlichen Menschen auch Schwindelgefühl, Kopf- oder Magenschmerzen verursachen. Eine Prise Ve-tsin genügt für ein Gericht für vier Personen; es kann aber auch weggelassen werden. In China wächst man mit Ve-tsin auf; im Westen geben Fachleute Hinweise auf die Gefahren, die bei übermäßigem Gebrauch dieses Mono-natriumglutamats entstehen können.

VOGELNESTER (Schwalbennester) Die beste Sorte ist fast weiß und durchsichtig. Heutzutage sind sie in gut sortierten asiatischen Geschäften, beim Großhandel oder in Spezialgeschäften manchmal zu bekommen. Aber sie bleiben eine sehr teure Delikatesse, weil ihre Gewinnung sehr mühsam vor sich geht. Die eßbaren Vogelnester werden von tropischen Schwalben hergestellt, die ihre zerbrechlichen Nester an den steilen Klippen der südchinesischen Küste bauen. Spezialkletterer müssen diese Nester oft unter Lebensgefahr von den Klippen holen. Die Nester, aus dem zähen Speichel der Vögel errichtet, sind reich an Eiweiß und Mineralstoffen; sie werden in kleinen Mengen als Zugabe in Suppen verwendet. Was in einem durchschnittlichen Restaurant serviert wird, hat meist nichts mit Vogelnestern zu tun. Manchmal dienen Glasnudeln als Ersatz. Aber Sie wissen nun, warum: Für den durchschnittlichen Koch ist es ein fast unbezahlbares Produkt.

WANTAN oder WONTON Teigscheiben zum „Einpacken" von gewürztem Hackfleisch, das zu kleinen Suppenklößchen geformt wurde. Wantan werden nur ganz kurz in der bekannten Wantansuppe gedünstet, da sich sonst der Teig von der Füllung löst und die Klößchen oben schwimmen. Wenn gefüllte Wantan fritiert sind, heißen sie Pangsit und werden mit einer pikanten Soße als warmes Vorgericht serviert.

WASSERKASTANIEN Das sind die knackigen, leicht süß schmeckenden Früchte einer asiatischen Schwimmpflanze. Zu verwenden in Rühr-Brat-Gerichten mit Schweine- oder Rindfleisch und Geflügel. Manchmal werden Wasserkastanien auch als Gemüsebeilage gegessen. Es gibt sie in asiatischen Geschäften in Dosen zu kaufen.

WEIN In der chinesischen Küche verwendet man folgende Sorten von Wein oder Branntwein:
– Shaoxing-Wein ist einer der ältesten und bekanntesten Weine; er wurde nach der gleichnamigen Stadt in der Provinz

Chekiang benannt. Er wird als Aperitif getrunken, aber auch als Bestandteil von Marinaden und Soßen verwendet. Der Wein wird aus fermentiertem Klebreis und Hefe hergestellt und hat einen Alkoholgehalt von ca. 18 %.

- Kao-liang-Branntwein wird aus Gerste gebrannt und hat einen Alkoholgehalt von mindestens 35 %, manchmal sogar 50 %. In China trinkt man ihn als Aperitif. Eventuelle Ersatzmöglichkeiten sind: Wodka, Whisky oder Cognac.
- Moutai ist ein Wein, der schon seit dem 18. Jahrhundert aus Getreide und Gerste bereitet wird. Er wird während der Mahlzeit in winzigen Gläsern serviert.
- Mei-kuei-lu-Wein ist Kao-liang-Branntwein, der mit speziellen Rosenblättern aromatisiert wurde. Ein starkes Destillat, das oft in Marinaden und Soßen gebraucht wird.

WINTERMELONE Gelbgrüne, kürbisartige Frucht, deren Fleisch beim Kochen oder Dünsten glasig wird. Wintermelone fügt man Suppen, Fleisch- und Geflügelgerichten zu. Anstelle der Wintermelone kann man Kürbis oder Zucchini nehmen.

WOLKENOHREN siehe Pilze.

ZIMT (Kaneel) Kommt in der asiatischen Küche sehr häufig vor, oftmals als Bestandteil von Gewürzmischungen. Zimtstangen bestehen aus der getrockneten Rinde von Zweigen des Zimtbaumes. Die Rinde wird von den Zweigen geschält, in der Sonne getrocknet und zu mehreren Lagen ineinander gesteckt. Zimt wird bei bestimmten Fleischgerichten verwendet, aber auch bei Obstgerichten mitgedünstet.

Rezeptverzeichnis